Vokabeln effektiv nach der Häufigkeit ihres Vorkommens lernen

---

Wortschatz Englisch Politik

Vokabeln effektiv nach der Häufigkeit ihres Vorkommens lernen

---

Herausgeber

Prof. Dr. Ulrich Bannier

Studierende werden vom ersten Semester an mit englischsprachiger Literatur konfrontiert. Teilweise werden Vorlesungen auch in englischer Sprache angeboten. Daher ist ein gewisses Grundgerüst an Vokabeln für einen erfolgreichen Studienstart hilfreich. Wir haben durch umfangreiche Wortzählungen die häufigsten Wörter für fachbezogene Wortschatzbücher ermittelt, die in dieser Reihe vorgestellt werden sollen.

Bisher erschienen:

Dieckmann, A.: Wortschatz Englisch Medizin

Dieckmann, A.: Wortschatz Englisch Philosophie

Dieckmann, A.: Wortschatz Englisch Physik

Dieckmann, A.: Wortschatz Englisch Politik

Dieckmann, A.: Wortschatz Englisch Wirtschaft

Dieckmann, A.: Wortschatz Englisch Zahnmedizin

Anke Dieckmann

Wortschatz Englisch
Politik

Vokabeln effektiv nach der Häufigkeit
ihres Vorkommens lernen

Verlegt über die
CreateSpace Open Publishing Platform
Charleston

Anke Dieckmann
Hauersweg 16
D-22303 Hamburg
buch@anke-dieckmann.de

Herausgegeben von

Prof. Dr. Ulrich Bannier
Scheffelstr. 40 B
D-22301 Hamburg
ulrich@bannier.de

über die

CreateSpace Open Publishing Platform · Charleston
www.createspace.com

1. Auflage 2013

ISBN-13: 978-1482695540
ISBN-10: 1482695545

Druck in den USA oder der EU (siehe letzte Buchseite)
Umschlagentwurf mit dem Cover Creator von CreateSpace
Satz mit LaTeX

Inhaltsverzeichnis

Vorbemerkungen

Unser Ziel ist es, quer durch alle modernen Themen der Politik die wichtigsten englischen Vokabeln mit den wichtigsten Bedeutungen zu präsentieren.

Dieser Wortschatz wendet sich an Politikinteressierte, an Journalisten und an Studierende der Politikwissenschaften. Da Politik zur Allgemeinbildung gehört, kann er auch als Aufbauwortschatz für Schülerinnen und Schüler in der Oberstufe eingesetzt werden.

Das Buch umfasst 2500 Vokabeln, die nach der Häufigkeit ihres Vorkommens angeordnet sind, sodass Sie die wichtigsten Wörter zuerst lernen. Hierdurch sollten Sie schnell in die Lage versetzt werden, englische Fachliteratur, Zeitschriften und Vorlesungen besser zu verstehen. Auch sollte es Ihnen möglich sein, kompetenter in englischen Fachgesprächen und bei Vorträgen aufzutreten.

Neben Fachausdrücken sind auch allgemeine Vokabeln aufgeführt, die häufig in politischen Texten vorkommen. Die allgemeinen Vokabeln sollen insbesondere denjenigen das Lesen englischer Texte erleichtern, deren Wortschatz nicht so groß ist. Zusätzlich enthält das Buch Länder- und Städtenamen und ein alphabetisches englisches Vokabelverzeichnis.

Es gibt Unterschiede bei Aussprache und Schreibweise des britischen und amerikanischen Englisch. Unterschiedliche Schreibweisen haben wir kenntlich gemacht.

Dieses Buch wurde mit großer Sorgfalt erstellt. Trotzdem kann es Fehler enthalten. Sollten Sie solche entdecken oder Verbesserungsvorschläge haben, so schreiben sie bitte eine E-Mail an

buch@anke-dieckmann.de

Vielen Dank!

Lernen mit dem Internet

Wir haben keine Lautschrift für die englischen Wörter angegeben, weil das Internet viele Möglichkeiten bietet, sich die Aussprache anzuhören. Auf den Internetseiten*

dictionary.cambridge.org
www.oxfordlearnersdictionaries.com
www.thefreedictionary.com

können Sie sich für viele Wörter die amerikanische und britische Aussprache anhören. Klicken Sie jeweils auf die Lautsprechersymbole. Bei

translate.google.com

können Sie sich ganze Sätze im britischen Englisch vorlesen lassen.

Den Sinn vieler Wörter versteht man erst, wenn man diese in einem Satz liest. Zusätzlich zu den oben genannten Lexika finden Sie bei

www.learnersdictionary.com
www.macmillandictionary.com
www.linguee.de
de.bab.la

gute Beispielsätze. Das Macmillan Dictionary und das Learner's Dictionary von Merriam-Webster zeigen nur Beispielsätze ohne Übersetzung, Linguee und bab.la bieten auch die deutsche Übersetzung an.

---

* Leider ändern sich Internetadressen häufig, sodass die Verfügbarkeit der angegebenen Online-Lexika nicht garantiert werden kann. Auch sind nicht alle Fachausdrücke in den Lexika enthalten. Aktuelle Links zu Online-Lexika finden Sie auf der Internetseite www.vokabeln-pauken.de .

Abkürzungen und Zeichenerklärung

[ ]	Eckige Klammern enthalten zusätzliche Hinweise oder Erklärungen zu einem Wort.
( )	Runde Klammern werden für optionale Formulierungen verwendet. Z.B. steht *Kandidat(in)* abkürzend für *Kandidat* und *Kandidatin*.
/	Auch der Schrägstrich / wird für optionale Formulierungen verwendet. Z.B. steht *im/ins Ausland* für *im Ausland* bzw. *ins Ausland*.
,	Gelegentlich wird auch das Komma für optionale Formulierungen verwendet. Z.B. steht *erste(r,s)* für *erste*, *erster* oder *erstes*.
;	Das Semikolon trennt Wortarten voneinander ab.
BE	Ein hinter einem Wort hochgestelltes *BE* verweist auf britisches Englisch bzw. auf eine Bedeutung, die überwiegend nur im britischen Sprachraum gebräuchlich ist.
AE	Ein hinter einem Wort hochgestelltes *AE* verweist auf amerikanisches Englisch bzw. auf eine Bedeutung, die überwiegend nur im amerikanischen Sprachraum gebräuchlich ist.
PL	*PL* weist auf eine spezielle Pluralform des Wortes hin.
PS	Hinter *PS* steht bei unregelmäßigen Verben das Past Simple.
PP	Hinter *PP* steht bei unregelmäßigen Verben das Past Participle.
VF	*VF* weist auf eine spezielle Schreibweise der Verlaufsform hin.
KO	Hinter *KO* steht der Komparativ eines Wortes.
SU	Hinter *SU* steht der Superlativ eines Wortes.

Wortschatz Politik

Vokabeln 1 bis 100

political	politisch
state	Staat, Zustand; staatlich; darlegen
politics	Politik [als abstraktes Thema, Wissenschaft, Beruf]
policy	Politik [konkrete Inhalte, Überzeugungen, Programme, Handlungen], Grundsatz, Police
party	Partei, Party
government	Regierung
social	gesellschaftlich, sozial
country	Land, Landschaft; ländlich, Land-
power	Macht, Stärke, Gewalt, Befugnis
public	öffentlich; Öffentlichkeit, Publikum
right	rechts, richtig; Recht
group	Gruppe, Gruppierung; (sich) gruppieren
world	Welt
international	international
economic	ökonomisch, wirtschaftlich
law	Gesetz, Recht, Jura
national	national, staatlich; Staatsbürger(in)
change	Änderung, Veränderung, Wandel, Wechselgeld; ändern, umsteigen, wechseln
American	Amerikaner(in)
work	Arbeit; arbeiten, funktionieren
interest	Interesse, Zins(en), Beteiligung [Anteil]; interessieren
issue	Angelegenheit, Sache, Ausgabe [z. B. einer Zeitschrift]; ausstellen [z. B. Dokument]

democracy	Demokratie
development	Entwicklung
press	Presse, Druck(erpresse); drücken, pressen
unite	vereinen
society	Gesellschaft
election	Wahl
support	Unterstützung; (unter)stützen
member	Mitglied
process	Prozess, Vorgang; verarbeiten
human	Mensch; menschlich
vote	Abstimmung, Stimme [Wahl]; abstimmen, wählen
provide	versorgen, bereitstellen
democratic	demokratisch
institution	Institution, Einrichtung
European	Europäer(in)
force	Kraft, Macht, Stärke, Zwang; (er)zwingen, drängen
rule	Regel, Vorschrift, Herrschaft; regieren, herrschen
global	global
term	Begriff, Term, Ausdruck, Semester, Amtszeit; bezeichnen, (be)nennen
report	Bericht, Report; berichten
control *PS* controlled *PP* controlled *VF* controlling	kontrollieren, regeln, steuern; Kontrolle, Regelung, Steuerung
organization [auch: organisation *BE*]	Organisation
increase	Zuwachs, Zunahme; erhöhen, vermehren, zunehmen
community	Gemeinde, Gemeinschaft, Gesellschaft
individual	individuell; Einzelperson, Individuum

order	Order, Auftrag, Befehl, Ordnung; bestellen, befehlen
president	Präsident(in), Direktor(in) *AE*
action	Aktion, Handlung, Tat
research	Forschung; forschen
movement	Bewegung
percent *AE*, **per cent** *BE*	Prozent
lead *PS* led *PP* led	(an)führen, leiten; Führung, Leitung
general	allgemein, generell; General
reform	Reform; reformieren
effect	Effekt, Auswirkung, Wirkung; bewirken
influence	Einfluss; beeinflussen
view	Ansicht, Aussicht, Blick(winkel); betrachten
local	lokal, regional
develop	(sich) entwickeln, (sich) entfalten
concern	Anliegen, Konzern, Unternehmen, Besorgnis; betreffen, beunruhigen
nation	Nation, Volk
leader	Anführer(in), Führer(in), Leiter(in)
act	handeln; Handlung, Tat
union	Union, Verein(igung), Verbindung, Gewerkschaft; gewerkschaftlich
military	militärisch; Militär
civil	bürgerlich, zivil
market	Markt [auch Börse], Handel, Absatzgebiet; vermarkten
court	Gericht(shof), Hof
analysis *PL* analyses	Analyse, Analysis
relation	Beziehung, Zusammenhang, Relation
trade	Handel, Gewerbe, Handwerk; gewerblich; handeln [mit Waren, Wertpapieren]
security	Sicherheit, Bürgschaft

conflict	Konflikt; im Widerspruch stehen mit
British	Brite, Britin, Briten; britisch
economy	Wirtschaft, Ökonomie
program *AE*, **programme** *BE*	Programm; programmieren
foreign	ausländisch, fremd
set *PS* set *PP* set *VF* setting	(ein)stellen, setzen, legen; festgesetzt; Menge
religious	religiös, gläubig
media	Medien
Europe	Europa
call	Ruf, Aufruf, Telefonanruf; rufen, anrufen, nennen
note	Anmerkung, Notiz, Note, Geldschein; beachten, notieren
labor *AE*, **labour** *BE*	Arbeit; (schwer) arbeiten
citizen	Staatsbürger(in), Bürger(in)
culture	Kultur
practice *AE*, **practise** *BE*	(aus)üben, betreiben, praktizieren
committee	Komitee, Ausschuss
major	bedeutend, wichtig, Haupt-; Major
decision	Entscheidung, Entschluss, Beschluss
fact	Tatsache
argue	argumentieren
campaign	Kampagne, Wahlkampf, Wahlkampagne, Feldzug; Wahlkampf machen
parliament	Parlament
data	Daten
common	gewöhnlich, allgemein, gemeinsam, häufig
authority	Autorität, Behörde, Amtsgewalt, Vollmacht, Befugnis, Expertin, Experte
position	Lage, Position, Standpunkt; positionieren

Vokabeln 101 bis 200

base	Basis; basieren
population	Bevölkerung
legal	legal, rechtlich, rechtmäßig
limit	Grenzwert, Limit, Höchstgrenze; begrenzen, beschränken
century	Jahrhundert
approach	sich nähern; Ansatz, Annäherung
Muslim	Muslim, Muslima, Muslimin, Moslem, Moslima, Moslemin; muslimisch, moslemisch
candidate	Kandidat(in)
period	Periode, Zeitabschnitt, Punkt
class	Klasse; klassifizieren
office	Büro
reason	Ursache, Vernunft, Verstand; logisch denken, vernünftig urteilen, folgern, erörtern
claim	Anspruch; beanspruchen, behaupten
involve	involvieren, verwickeln
consider	betrachten, halten für, berücksichtigen, erwägen, überlegen
resource	Ressource
present	anwesend; Gegenwart, Geschenk; präsentieren
regime	Regime
focus *PL* foci *oder* focuses *PS* focused/focussed *PP* focused/focussed *VF* focusing/focussing	Fokus, Brennpunkt; bündeln, fokussieren
activity	Aktivität, Betätigung, Tätigkeit
measure	Maß; messen
cultural	kulturell

education	Ausbildung, Bildung
official	offiziell, amtlich; Amtsperson
source	Quelle, Ursprung
minister	Minister(in) [BE], Pfarrer(in)
require	benötigen, brauchen
structure	Struktur; strukturieren
review	Review, Rezension, Überprüfung; rezensieren, überprüfen
congress	Kongress, Tagung
identity	Identität
means	Mittel, Methode; bedeutet
establish	feststellen, etablieren, gründen
suggest	vorschlagen
ethnic	ethnisch, Volks-
conservative	konservativ; Konservative(r)
relationship	Beziehung, Relation
condition	Bedingung, Voraussetzung, Zustand, Lage; bedingen, konditionieren
growth	Wachstum
mean *PS* meant *PP* meant	meinen, bedeuten; Mittelwert; mittlere, durchschnittlich
human rights	Menschenrechte
debate	Debatte; debattieren, diskutieren
network	Netz(werk); vernetzen
difference	Differenz, Unterschied
challenge	Herausforderung; herausfordern, in Frage stellen, bestreiten
gender	Geschlecht
Africa	Afrika
voter	Wähler(in)
council	Rat, Ratsversammlung, Konzil
journal	Journal, Tagebuch, Zeitschrift

share	teilen, gemeinsam haben; Anteil, Aktie
experience	Erfahrung
participation	Teilnahme, Mitwirkung
matter	Sache, Angelegenheit, Materie; (aus)machen
principle	Prinzip, Grundsatz
effort	Bemühung, Anstrengung, Mühe
majority	Mehrheit
paper	Papier, Schriftstück, Zeitung
politician	Politiker(in)
produce	herstellen, produzieren
impact	Auswirkung, Einschlag, Aufprall
course	Kurs, Lehrgang
religion	Religion
liberal	liberal, freiheitlich; Liberale(r)
fund	Fonds, Kapital, Geldmittel; finanzieren
table	Tabelle, Tisch
nature	Natur, Beschaffenheit
significant	bedeutsam, signifikant
project	Projekt; projizieren, projektieren
opinion	Meinung, Stellungnahme
attempt	Versuch; versuchen
factor	Faktor
accord	Übereinstimmung, Einklang; übereinstimmen, gewähren, bewilligen
represent	darstellen, repräsentieren, vertreten
rise *PS* rose *PP* risen	ansteigen, (auf)steigen; Zunahme, Anstieg
cause	Grund, Ursache; verursachen
access	Zugang, Zugriff, Zutritt; zugreifen [z. B. auf Daten]
news	Nachricht(en), Neuigkeiten

crisis *PL* crises	Krise
plan *PS* planned *PP* planned *VF* planning	planen; Plan, Entwurf
freedom	Freiheit
argument	Argument, Behauptung, Streit *AE*
region	Bereich, Gegend, Region
account	Konto, Bericht
agreement	Zustimmung, Vereinbarung
demand	Bedarf, Nachfrage, Forderung; fordern
Republican *AE*	Republikaner(in); republikanisch
benefit *PS* benefited/benefitted *PP* benefited/benefitted *VF* benefiting/benefitting	nützen, profitieren; Nutzen, Vorteil
strategy	Strategie
business	Business, Unternehmen, Geschäft, Angelegenheit
actor	Akteur(in), Darsteller(in)
income	Einkommen
evidence	Evidenz, Beweismaterial
justice	Gerechtigkeit, Justiz
bank	Bank(haus)
political party	politische Partei
revolution	Revolution
representative	Repräsentant(in), Vertreter(in); repräsentativ
constitution	Konstitution, Verfassung, Grundgesetz
discussion	Diskussion, Besprechung

Vokabeln 201 bis 300

rate	Rate; (be)werten, (ein)schätzen, einstufen
context	Zusammenhang

domestic	inländisch, häuslich, Inlands-, Binnen-
article	Artikel, Beitrag, Ware
association	Verband, Verein(igung)
elect	wählen
deal *PS* dealt *PP* dealt	austeilen, verteilen; Abkommen, Geschäft
violence	Gewalt(tätigkeit)
elite	Elite
affair	Angelegenheit
offer	Angebot; anbieten
commission	Kommission, Provision; beauftragen
governance	Unternehmensführung [die Art und Weise, nicht die Personen!], Regierungsführung, Governance
opportunity	Gelegenheit
department	Abteilung, Fachbereich
available	verfügbar, vorhanden
minority	Minderheit, Minorität
African	Afrikaner(in); afrikanisch
service	Service, Dienst(leistung), Bedienung
independent	unabhängig
affect	beeinflussen, sich auswirken auf; Affekt
choice	Auswahl
agency	Agentur, Vertretung
regard	betreffen, berücksichtigen, betrachten; Hinsicht, Rücksicht, Hochachtung
institutional	institutionell
standard	normal; Norm, Standard, Standarte
receive	empfangen, erhalten, beziehen
federal	bundesstaatlich, föderal, Bundes-
perspective	Blickwinkel, Perspektive
French	Französin, Franzose, Französisch; französisch

variable	variabel, veränderlich; Variable
basis *PL* bases	Basis, Grundlage
promote	fördern, befördern [Beruf], werben für
sector	Sektor
mass *PL* masses	Masse, Menge; Massen-
administration	Verwaltung, Administration, Verabreichung
historical	historisch, geschichtlich
former	ehemalig, früher
price	Preis, Kurs [z. B. von Aktien]; bewerten, mit Preis versehen
leadership	Führung
behavior *AE*, **behaviour** *BE*	Verhalten
discuss	diskutieren, erörtern, besprechen
reduce	reduzieren, verringern
land	Land, Grundbesitz; landen
aid	Hilfe, Hilfsmittel; helfen
immigration	Einwanderung
Arab	Araber(in), arabisch
company	Unternehmen, Firma, Gesellschaft
opposition	Opposition, Gegensatz, Widerstand
attack	Angriff, Attacke; angreifen
emerge	hervorkommen, herauskommen, auftauchen, hervorgehen aus
tax *PL* taxes	Steuer [Finanzamt]; besteuern
welfare	Fürsorge, Sozialhilfe, Wohl(ergehen)
capital	Kapital, Hauptstadt; Kapital-
financial	finanziell, Finanz-
concept	Konzept, Begriff
situation	Situation, Lage
identify	identifizieren

executive	leitende(r) Angestellte(r), Exekutive; geschäftsführend, leitend, ausübend, exekutiv
production	Herstellung, Produktion
address	Adresse, Anschrift, Ansprache; adressieren, anreden, in Angriff nehmen
struggle	Kampf, Anstrengung, Mühe; sich abmühen
traditional	traditionell
police	Polizei; Polizei-
personal	persönlich
regional	regional
status *PL* statuses	Status
outcome	Ergebnis
Asia	Asien
apply	anwenden, verwenden, sich bewerben
response	Antwort, Reaktion
Islamic	islamisch
equality	Gleichheit, Gleichwertigkeit, Parität
parliamentary	parlamentarisch
gain	erreichen, erlangen, erwerben, zunehmen; Zunahme, Profit
industry	Industrie
money	Geld
fall *PS* fell *PP* fallen	fallen, stürzen; Fall, Sturz, Herbst *AE*
representation	Darstellung, Repräsentation, Repräsentanz
section	Abschnitt, Abteilung, Sektion; (unter)teilen
communist	Kommunist(in); kommunistisch
constitutional	verfassungsmäßig, konstitutionell
peace	Friede(n), Ruhe
German	Deutsche(r), Deutsch; deutsch

survey	Überblick, Umfrage; befragen
lack	Mangel; Mangel haben an
main	hauptsächlich, Haupt-
associate	Gesellschafter(in), Partner(in); assoziieren, verbinden; assoziiert
pressure	Druck
natural	natürlich
lie *VF* lying	(an)lügen; Lüge
design	Entwurf; entwerfen
raise	(an)heben, erheben, erhöhen, steigern, sammeln [Geld], aufwerfen [Frage], aufziehen [Kinder]; Erhöhung, Gehaltserhöhung
goal	Ziel, Tor [Sport]
return	Rendite, Ergebnis, Ertrag, Rückkehr; zurückkehren, zurückschicken
coalition	Koalition
investment	Investition, Investment, Anlage [Geld]
function	Funktion; funktionieren
maintain	beibehalten, bewahren, instand halten, behaupten, unterstützen
current	gegenwärtig, gebräuchlich, marktgängig; Strömung, Strom

Vokabeln 301 bis 400

beyond	jenseits, über; darüber hinaus
moral	Moral; moralisch
technology	Technologie, Technik
respect	Respekt, Hochachtung, Hinsicht; achten, respektieren
republic	Republik
reflect	reflektieren, widerspiegeln
environment	Umgebung, Umwelt

examine	prüfen, untersuchen
popular	populär, beliebt, volkstümlich
comparative	vergleichend; Komparativ
critical	kritisch, entscheidend
fail	versagen, durchfallen, fehlschlagen
stand *PS* stood *PP* stood	stehen, standhalten; Stand, Standpunkt
Russian	Russin, Russe; russisch
ideology	Ideologie
attention	Aufmerksamkeit
consequence	Konsequenz
poverty	Armut
range	Bereich; sich erstrecken
tend	tendieren
expect	erwarten
threat	Bedrohung, Drohung
degree	Grad, Stufe
defense *AE*, **defence** *BE*	Verteidigung
worker	Arbeiter(in)
potential	potenziell, möglich; Potenzial
tradition	Tradition, Überlieferung
achieve	erreichen
single	einzeln, ledig; Single
competition	Konkurrenz, Wettbewerb
organize [auch: organise *BE*]	organisieren
occur *PS* occurred *PP* occurred *VF* occurring	geschehen, sich ereignen
oppose	widersetzen, entgegentreten, sich wenden gegen
accept	akzeptieren, hinnehmen, anerkennen, annehmen

total *PS* totaled [AE]/totalled [BE] *PP* totaled [AE]/totalled [BE] *VF* totaling [AE]/totalling [BE]	sich belaufen auf; ganz, gesamt, völlig; Gesamtsumme
alternative	Alternative; alternativ
refer *PS* referred *PP* referred *VF* referring	verweisen
inequality	Ungleichheit, Ungleichung
judge	Richter(in), Kampfrichter(in); (be)urteilen, bewerten
arm	Arm, Waffe; bewaffnen
determine	bestimmen, regeln, (sich) entscheiden
king	König
extent	Ausmaß, Umfang
prime	primär, beste, erste
treaty	Abkommen, Vertrag
decade	Jahrzehnt, Dekade
importance	Wichtigkeit
effective	wirksam, wirkungsvoll, effektiv
publish	veröffentlichen
pattern	Muster
political science	Politikwissenschaft, Politologie
collective	kollektiv, gemeinsam; Kollektiv, Gemeinschaft
responsibility	Verantwortung, Verantwortlichkeit
communication	Kommunikation, Mitteilung
despite	trotz, ungeachtet
material	Material, Stoff; materiell, wesentlich
reach	(er)reichen; Reichweite
engage	engagieren
conference	Konferenz, Besprechung
climate	Klima
Chinese	Chinesin, Chinese, Chinesisch; chinesisch

basic	grundsätzlich, grundlegend
powerful	kraftvoll, kräftig, mächtig, stark, gewaltig
shape	Form, Gestalt; formen, gestalten
advance	voranschreiten, vorankommen, Fortschritte machen, vorstrecken [Geld]; Fortschritt, Vorschuss
purpose	Absicht, Zweck; beabsichtigen
contemporary	heutig, zeitgenössisch
discourse	Abhandlung, Diskurs, Rede, Vortrag
democrat	Demokrat(in)
property	Besitz, Eigentum, Grundstück, Eigenschaft
adopt	annehmen, übernehmen, adoptieren
decline	Rückgang; verringern
seat	Sitz, Mandat; (sich) setzen, sitzen
norm	Norm, Regel
attitude	[innere] Einstellung, Gesinnung
legislation	Gesetzgebung
globalization [auch: globalisation *BE*]	Globalisierung
independence	Unabhängigkeit
equal *PS* equaled *AE*/equalled *BE* *PP* equaled *AE*/equalled *BE* *VF* equaling *AE*/equalling *BE*	gleichen; gleich; Gleichgestellte(r)
instance	Instanz, Exemplar
product	Erzeugnis, Produkt
legislative	gesetzgebend
contrast	Gegensatz, Kontrast; gegenüberstellen
divide	(auf)teilen, (sich) trennen, dividieren
shift	verschieben; Verschiebung, Schicht [Arbeit]

protection	Schutz
race	Rasse, Wettrennen; rennen
addition	Addition, Zusatz
compare	vergleichen
post	Post [BE], Posten, Pfosten; [Brief] aufgeben [BE], posten [z. B. im Internet], [z. B. Plakat] anschlagen
encourage	ermutigen
institute	Institut; errichten, gründen, in Gang setzen
protect	schützen
conduct	betreiben, durchführen, leiten, dirigieren; Handlungsweise
balance	Gleichgewicht, Saldo, Guthaben, Bilanz; abwägen, ausgleichen, bilanzieren, balancieren
aspect	Aspekt, Blickwinkel
Islam	Islam
finance	Finanzwesen, Geldmittel; finanzieren
agenda	Agenda, Tagesordnung
assume	vermuten, annehmen

Vokabeln 401 bis 500

fight *PS* fought *PP* fought	kämpfen, streiten; Kampf, Streit
nationalism	Nationalismus
target	Ziel, Soll, Planziel, Zielsetzung; zielen (auf)
job *PS* jobbed *PP* jobbed *VF* jobbing	Gelegenheitsarbeiten machen, jobben; Job, Arbeitsstelle, Beruf
head	Kopf, Chef; anführen, den Vorsitz haben
management	Management, Unternehmensführung, Geschäftsleitung
protest	Protest; protestieren

interview	Interview; interviewen
urban	städtisch, Stadt-
ensure	gewährleisten, sicherstellen
mechanism	Mechanismus
objective	objektiv; Ziel(setzung)
fear	Angst, Furcht, Befürchtung; Angst haben, (be)fürchten
senate	Senat
largely	weitgehend, zum größten Teil
capacity	Fassungsvermögen, Kapazität
content	Inhalt; zufrieden; zufrieden stellen
Catholic	Katholik(in), katholisch
conclusion	Schlussfolgerung, Schluss, Abschluss
army	Armee
depend (on, upon)	abhängen (von)
risk	Risiko; riskieren
average	Durchschnitt; mitteln; durchschnittlich
quality	Qualität; erstklassig, hochwertig
Japanese	Japaner(in), Japanisch; japanisch
international law	Völkerrecht, internationales Recht
membership	Mitgliedschaft
recognize [auch: recognise *BE*]	erkennen, anerkennen
talk	Gespräch, Vortrag; (be)sprechen, reden
site	Stätte, Ort, Stelle, Bauplatz
record	Aufzeichnung, Datensatz, Rekord; aufzeichnen
immigrant	Einwanderin, Einwanderer
govern	regieren
world war	Weltkrieg
estimate	(ein)schätzen; Schätzung

feature	Eigenschaft, Merkmal; besonders herausstellen
regulation	Regelung, Regulierung, Vorschrift
success	Erfolg
decide	entscheiden, bestimmen
commitment	Verpflichtung
ability	Fähigkeit
contribute	beitragen
Middle East	Naher Osten, Vorderer Orient, Vorderasien
crime	Verbrechen
secretary	Sekretär(in), Minister(in), Staatssekretär(in) *BE*
framework	Rahmen, Rahmenordnung
preference	Präferenz, Vorliebe
scholar	Stipendiat(in), Gelehrte(r)
contribution	Beitrag, Spende
prime minister	Ministerpräsident(in), Premierminister(in)
provision	Provision, Vorkehrung, Bereitstellung
budget	Budget, Etat; budgetieren
care	Sorgfalt, Mühe, Pflege; sich kümmern, sich sorgen
improve	verbessern
actually	tatsächlich, in der Tat, eigentlich
indicate	anzeigen, hinweisen auf
firm	Firma; fest, hart, standhaft
appeal	Anziehungskraft, Appell, Gesuch; appellieren, Einspruch einlegen
Israel	Israel
industrial	industriell
speech	Rede, Ansprache, Sprache
prevent	verhindern, vorbeugen

grant	Subvention, Zuschuss, Stipendium; erlauben, bewilligen, gewähren
Saudi	Saudiaraber(in), Saudi; saudiarabisch
intervention	Intervention, Einmischung
convention	Brauch, Konvention
export	Export, Ausfuhr; ausführen, exportieren
advantage	Vorteil
internal	intern, innere, inländisch
stage	Stadium, Bühne; veranstalten
cabinet	Kabinett, Schrank
Latino *AE* [weibliche Form: Latina]	Latino [Amerikaner lateinamerikanischer Herkunft]
district	Bezirk, Gebiet, Distrikt
generate	erzeugen, generieren
possibility	Möglichkeit
corruption	Bestechung, Korruption
dispute	Streit, Auseinandersetzung; streiten
extend	(sich) ausdehnen, erweitern, verlängern, zum Ausdruck bringen
operation	Operation, Arbeitsablauf
document	Dokument, Urkunde; dokumentieren, beurkunden
negotiation	Verhandlung, Aushandeln [z. B. einen Vertrag], Übertragung [z. B. eines Wertes]
formal	formal, formell
trend	Tendenz, Trend; tendieren
join	verbinden, vereinigen; Vereinigung, Verbindung(sstelle)
constitute	konstituieren, darstellen, gründen
legitimacy	Legitimität, Rechtmäßigkeit, Berechtigung, Gültigkeit, Zulässigkeit
foreign policy	Außenpolitik

promise	Versprechen, Zusage; versprechen, zusagen
distribution	Verteilung, Vertrieb, Distribution, Verbreitung
reference	Referenz, Empfehlung
sovereignty	Eigenstaatlichkeit, Souveränität, Hoheitsgewalt
break *PS* broke *PP* broken	(zer)brechen; Pause, Unterbrechung, Bruch, Durchbruch
favor *AE*, **favour** *BE*	Gunst, Gefallen; bevorzugen, favorisieren
failure	Fehlschlag, Misserfolg
participate	teilnehmen, teilhaben
judicial	gerichtlich, richterlich
liberty	Freiheit
bill	Rechnung, Gesetz(entwurf), Banknote *AE*; eine Rechnung ausstellen
select	(aus)wählen
proposal	Vorschlag

Vokabeln 501 bis 600

statement	Aussage, Behauptung, Feststellung, Abrechnung, Kontoauszug
demonstrate	zeigen, demonstrieren, veranschaulichen
sphere	Bereich, Sphäre
notion	Begriff, Gedanke, Ansicht, Ahnung
chief	Anführer(in), Chef(in); hauptsächlich
activist	Aktivist(in)
division	Abteilung, Division, Teilung
nationalist	Nationalist(in); nationalistisch
charge	Gebühr, Ladung, Anklage; Gebühr erheben, aufladen, anklagen
propose	vorschlagen
trust	(ver)trauen; Vertrauen

cooperation	Zusammenarbeit, Kooperation
complex	komplex; Komplex
origin	Ursprung
civil society	bürgerliche Gesellschaft, Zivilgesellschaft
empire	Reich
reality	Realität, Wirklichkeit
goods	Güter, Waren
mobilization [auch: mobilisation *BE*]	Mobilisierung
prove *PS* proved *PP* proved/proven	beweisen, prüfen, sich erweisen
foundation	Fundament, Grundlage, Stiftung, Gründung
progress	Fortschritt; Fortschritte machen, vorwärtskommen, vorankommen
weapon	Waffe
category	Kategorie, Rubrik
assembly	Versammlung, Montage, Zusammenbau, Baugruppe
ideological	ideologisch
operate	bedienen, handhaben, operieren, handeln
characteristic	charakteristisch, kennzeichnend; (charakteristisches) Merkmal, Charakteristik
legislature	Legislative
performance	Arbeitsleistung, Leistungsfähigkeit, Performance
racial	rassisch, Rassen-
supply	Lieferung, Versorgung; liefern, versorgen
expand	expandieren, ausdehnen, erweitern
initiative	Initiative
successful	erfolgreich
territory	Territorium, Gebiet

integration	Integration, Integrierung, Eingliederung
radical	radikal, drastisch; Radikal(e,er)
unit	Einheit
procedure	Prozedur, Verfahren
alliance	Bündnis, Allianz
wealth	Reichtum, Wohlstand
exchange	(aus)tauschen, umtauschen, wechseln; Börse, Tausch, Austausch, Umtausch
cover	Umschlag, Abdeckung, Decke, Deckung, Versicherungsschutz [BE]; zudecken, abdecken, umfassen
era	Ära, Epoche, Zeitalter
scientific	wissenschaftlich
active	aktiv, tätig; Aktiv
Iraqi	Iraker(in); irakisch
officer	Offizier(in)
manage	managen, führen, verwalten
secure	sicher; sichern, absichern
contract	Vertrag, Abkommen; vertraglich vereinbaren, kontrahieren, (sich) zusammenziehen
staff	Personal, Belegschaft, Stab
economics	Ökonomie, Wirtschaftswissenschaften
tie VF tying	(fest)binden; Bindung, Band, Krawatte, Stimmengleichheit
fundamental	fundamental, grundlegend, grundsätzlich
professional	professionell, fachmännisch; Fachmann, Fachfrau, Profi
dimension	Dimension
avoid	vermeiden
Indian	Inder(in), Indianer(in); indisch, indianisch
expression	Ausdruck
recognition	Erkennung, Anerkennung

dynamic	dynamisch
kingdom	Königreich
transition	Überleitung, Übergang
college	College, Hochschule, Kollegium
strike *PS* struck *PP* struck/stricken *AE*	Streik, Schlag, Fund; streiken, (zu)schlagen, stoßen auf [z. B. auf Öl]
resolution	Entschluss, Entschlossenheit, Resolution
task	Aufgabe(nstellung), Pflicht
implication	Implikation, Folge(rung), Auswirkung
assumption	Annahme, Vermutung, Voraussetzung
previous	früher, vorhergehend
strategic	strategisch
Canadian	Kanadier(in); kanadisch
Asian	Asiatin, Asiat; asiatisch
pursue	streben nach
presence	Anwesenheit, Gegenwart
developing country	Entwicklungsland
citizenship	Staatsangehörigkeit
impose	auferlegen, aufdrängen, aufzwingen
resistance	Widerstand
explanation	Erklärung, Erläuterung
commit *PS* committed *PP* committed *VF* committing	begehen [z. B. Verbrechen], anvertrauen, übergeben [z. B. an einen Ausschuss], einweisen [z. B. in eine Strafanstalt], verpflichten
perceive	wahrnehmen
serious	ernst(haft), seriös
interaction	Wechselwirkung
political system	politisches System, Staatswesen
intellectual	intellektuell; Intellektuelle(r)
vary	variieren, abwandeln, (ver)ändern
circumstance	Umstand

employment	Anstellung, Beschäftigung, Arbeitsstelle
scientist	Wissenschaftler(in)
explore	erforschen, untersuchen
Palestinian	Palästinenser(in); palästinensisch
combine	kombinieren, verbinden, verknüpfen
interpretation	Interpretation, Auslegung
criminal	kriminell, verbrecherisch; Verbrecher(in)
assistance	Beistand, Hilfe, Unterstützung
newspaper	Zeitung
code	Code; kodieren, verschlüsseln

Vokabeln 601 bis 700

dominant	dominant, dominierend, vorherrschend
external	extern, äußerlich, Außen-
structural	strukturell
desire	Wunsch, Verlangen, Sehnsucht; begehren, ersehnen
variety	Vielfalt, Varietät
theoretical	theoretisch
social movement	soziale Bewegung
interest group	Interessengemeinschaft, Interessengruppe, Interessenverband
province	Provinz
reserve	reservieren; Reserve
public opinion	öffentliche Meinung
conclude	beschließen, schließen, folgern
scale	Skala, Waage ^{AE}; skalieren
responsible	verantwortlich
advocate	Anwalt, Anwältin; verfechten, verteidigen
employ	einstellen [Arbeitsstelle], anwenden
reveal	enthüllen, offenbaren
relevant	relevant, bedeutungsvoll

revolutionary	revolutionär; Revolutionär(in)
empirical	empirisch [auf Erfahrungen beruhend]
arrangement	Arrangement, Anordnung, Vereinbarung
amendment	Verbesserung
dominate	dominieren, beherrschen
administrative	administrativ, Verwaltungs-
declare	deklarieren, verkünden
terrorism	Terrorismus
poll	Wahl, Abstimmung; wählen, abstimmen
solution	Lösung
core	Kern(stück), Innere
international relations	internationale Beziehungen
generation	Generation, Erzeugung
threaten	(an)drohen, bedrohen
implement	implementieren, durchführen
emphasis *PL* emphases	Betonung
primarily	vorwiegend, hauptsächlich
mainstream	Mainstream, Hauptströmung
strength	Stärke
treatment	Behandlung
civic	städtisch, bürgerlich, Stadt-, Bürger-, Gemeinde-
academic	akademisch; Akademiker(in)
difficulty	Schwierigkeit
sample	Beispiel, Muster, Stichprobe; probieren
prepare	vorbereiten, zubereiten
boundary	Grenze, Begrenzung
board	Gremium, Tafel [an der Wand]; einsteigen, besteigen
capitalism	Kapitalismus
stability	Stabilität
corporation	Unternehmen, Stadtverwaltung *BE*

strengthen	verstärken
creation	Erzeugung, Erschaffung, Schöpfung
perception	Wahrnehmung(svermögen), Auffassung(svermögen)
spread *PS* spread *PP* spread	verbreiten, ausbreiten; Verbreitung, Ausbreitung, Spannweite, Spread [Spanne zwischen Kursen/Preisen]
European Union	Europäische Union
treat	behandeln
probably	wahrscheinlich
universal	allgemein(gültig), universal, universell
annual	jährlich; Jahrbuch
publication	Publikation, Veröffentlichung
useful	brauchbar, nützlich
consensus	Übereinstimmung, Konsens
additional	zusätzlich
considerable	beachtlich, beträchtlich, erheblich
wage	Lohn, Gehalt
compete	konkurrieren, wettstreiten
enable	ermöglichen
assessment	Einschätzung, Bewertung
comment	Bemerkung, Kommentar; anmerken, kommentieren
United Nations	Vereinte Nationen
respondent	Beklagte(r), Antragsgegner(in); antwortend
connection	Verbindung, Zusammenhang, Anschluss
obtain	erhalten, bekommen
accountability	Verantwortlichkeit
establishment	Gründung, Schaffung, Unternehmen, Niederlassung, Institution, Establishment
World Bank, the	die Weltbank

emphasize [auch: emphasise [BE]]	betonen, hervorheben
consumer	Konsument(in), Verbraucher(in)
political economy	Volkswirtschaft(slehre)
civilian	Zivilist(in); Zivil-
dependent	abhängig
distinguish	unterscheiden
transformation	Transformation
involvement	Einbeziehung, Verwicklung, Beteiligung
widely	weit, weitgehend
appropriate	angemessen, geeignet, angebracht, passend, (dem)entsprechend
civil war	Bürgerkrieg
collapse	Kollaps, Einsturz, Zusammenbruch; kollabieren, zusammenbrechen
consideration	Erwägung, Überlegung, Berücksichtigung, Rücksicht(nahme)
sustainable	nachhaltig
partisan	Partisan(in), Untergrundkämpfer(in), Parteigänger(in); parteiisch
skill	Fähigkeit, Fertigkeit, Geschick(lichkeit)
debt	Schuld(en), Verschuldung, Verbindlichkeit, Verpflichtung
rank	Rang; einstufen, eingestuft werden
constraint	Randbedingung, Nebenbedingung, Zwang
transfer *PS* transferred *PP* transferred *VF* transferring	übertragen, verlegen; Übertragung, Verlegung
distinction	Unterscheidung, Unterschied, Auszeichnung
frame	Rahmen; formulieren [z. B. eine Frage], einrahmen
branch	Ast, Zweig, Filiale; sich verzweigen

public policy	öffentlichen Ordnung
prior	früher
ministry	Ministerium

Vokabeln 701 bis 800

reject	ablehnen
Cold War	kalter Krieg
technical	technisch
engagement	Engagement, Verpflichtung
terrorist	Terrorist(in)
tool	Tool, Hilfsmittel, Werkzeug, Gerät
appoint	ernennen, verabreden
formation	Formation, Formung, Gründung
expenditure	Ausgabe(n), Aufwendung
import	Import, Einfuhr; importieren, einführen
socialist	Sozialist(in); sozialistisch
participant	Teilnehmer(in)
loss	Verlust
criticism	Kritik
substantial	substanziell, wesentlich
female	weiblich; weibliches Wesen
observation	Beobachtung, Observation
supporter	Unterstützer(in), Befürworter(in), Anhänger(in)
imply	beinhalten, implizieren, andeuten
demonstration	Darstellung, Demonstration
doubt	Zweifel; zweifeln, bezweifeln
contest	Wettbewerb, Wettkampf, Wettstreit; bestreiten, anfechten
feminist	Frauenrechtler(in), Feminist(in); feministisch
requirement	Anforderung, Erfordernis

lobby	Lobby, Eingangshalle, Interessengruppe; lobbyieren
guide	Führer(in), Leitfaden, Handbuch; anleiten, führen, leiten, lenken
essential	essentiell, notwendig, wesentlich; [das] Wesentliche
enemy	Feind
percentage	Prozent(satz)
guarantee	Garantie, Gewährleistung; garantieren, gewährleisten
expansion	Ausdehnung, Erweiterung, Expansion
rural	ländlich
constituency	Wahlkreis, Wählerschaft (eines Wahlkreises)
differ	differieren, sich unterscheiden
obligation	Verpflichtung, Verbindlichkeit, Obligation
construct	konstruieren, errichten; Konstrukt
actual	tatsächlich, wirklich
suffer	leiden, (Verluste) erleiden, (er)dulden, ertragen, aushalten
inform	informieren, benachrichtigen
undermine	untergraben, unterminieren, aushöhlen, unterhöhlen
application	Anwendung, Bewerbung
proportion	Anteil, Proportion, Verhältnis
credit	Kredit(würdigkeit), Glaubwürdigkeit, Anerkennung; anerkennen
justify	rechtfertigen
monitor	Bildschirm, Monitor; überwachen, kontrollieren
transnational	transnational, grenzüberschreitend, länderübergreifend
tension	Spannung, Verspannung
forum PL forums *oder* fora	Forum [auch Diskussionsforum]

incentive	Anreiz, Ansporn, Bonus
blog *PS* blogged *PP* blogged	Blog, Online-Tagebuch; Online-Tagebuch schreiben, bloggen
refuse	ablehnen, verweigern, sich weigern
crucial	entscheidend, ausschlaggebend
essay	Essay, Aufsatz
duty	Pflicht, Abgabe, Zollgebühr
defeat	Niederlage; besiegen
manner	Art, Weise, Benehmen
Mexican	Mexikaner(in); mexikanisch
capture	erfassen, gefangen nehmen, einfangen, erbeuten, erobern; Gefangennahme, Eroberung
ethnicity	Ethnie, ethnische Zugehörigkeit, Volkszugehörigkeit
tendency	Tendenz
Supreme Court	oberstes Gericht, Oberstes Bundesgericht, Verfassungsgericht [der USA]
capitalist	Kapitalist(in); kapitalistisch
absence	Abwesenheit, Fehlen
diversity	Vielfalt, Diversität
permit *PS* permitted *PP* permitted *VF* permitting	erlauben, zulassen; Erlaubnisschein
brief	Instruktion; instruieren; knapp
danger	Gefahr
autonomy	Autonomie, Eigenständigkeit, Unabhängigkeit
agent	Agent(in)
welfare state	Sozialstaat, Wohlfahrtsstaat
troop	Trupp(e)
construction	Konstruktion

expert	Expertin, Experte; fachkundig, ausgezeichnet
findings	Ergebnisse
bias	Befangenheit, Voreingenommenheit, Neigung; beeinflussen
exclude	ausschließen, ausgrenzen
economic growth	Wirtschaftswachstum
defend	verteidigen
related to	in Bezug auf, bezogen auf
conception	Konzept, Konzipierung, Plan, Begriff, Entwurf, Vorstellung, Empfängnis
compromise	Kompromiss; Kompromiss eingehen, kompromittieren
colonial	kolonial
doctrine	Doktrin, Lehre
topic	Thematik, Themenkreis
implementation	Implementierung, Realisierung, Durchführung, Umsetzung
enhance	verbessern
intend	beabsichtigen, vorhaben
prisoner	Häftling, Gefangene(r)
democratization [auch: democratisation *BE*]	Demokratisierung
option	Option, Wahlmöglichkeit
confidence	Vertrauen, Zuversicht
connect	anschließen, verbinden
governor	Gouverneur(in)
commercial	kommerziell; Werbespot [TV]
royal	königlich
front	Front, Vordergrund, Vorderseite; vordere, vorderste
facilitate	ermöglichen, erleichtern
stress	Belastung, Stress; betonen

Latin America	Lateinamerika
significantly	signifikant, bedeutsam

Vokabeln 801 bis 900

remove	entfernen, beseitigen
mobilize [auch: mobilise ^{BE}]	mobilisieren
discipline	Disziplin, Fachgebiet; disziplinieren
fair	fair, gerecht; Messe
assess	einschätzen, beurteilen
electoral system	Wahlsystem
deny	verweigern, verneinen
communism	Kommunismus
succeed	Erfolg haben, gelingen, (nach)folgen
selection	Auswahl, Selektion
authoritarian	autoritär; autoritärer Mensch
transform	transformieren, umwandeln, (sich) verwandeln
polity	Gemeinwesen, Staatswesen, Staatsform, politische Ordnung
faction	Splitterpartei, Fraktion, Interessengruppe
Israeli	Israeli; israelisch
command	Befehl, Anweisung, Kommando; befehlen, kommandieren
informal	formlos, zwanglos, informell
illustrate	illustrieren, veranschaulichen
platform	Plattform, Podium, Tribüne, Bahnsteig
director	Direktor(in), Regisseur(in)
phenomenon *PL* phenomena *oder* phenomenons	Phänomen, Erscheinung
bureaucracy	Bürokratie
exception	Ausnahme
typically	typisch, typischerweise

sociology	Soziologie
physical	körperlich, physisch, physikalisch; ärztliche Untersuchung
Islamist	Islamist(in); islamistisch
Jewish	jüdisch
characterize [auch: characterise ^{BE}]	charakterisieren
priority	Priorität, Vorrang
legitimate	legitimieren; legitim, rechtmäßig
emergence	Emergenz, Hervorgehen
extreme	extrem, äußerste; Extrem, Äußerste
multiple	mehrfach, vielfach; Vielfache
gap	Spalt, Lücke
educational	lehrreich, Bildungs-
consistent	konsistent, folgerichtig, konsequent
entire	ganz, vollständig
violent	gewaltsam, gewalttätig
resolve	(auf)lösen, beschließen; Entschlossenheit, Entschluss
object	Objekt, Gegenstand, Ziel [das man erreichen möchte]; dagegen sein, Einwände haben, protestieren
cycle	Zyklus, Kreislauf, Arbeitsgang
discrimination	Diskriminierung, Benachteiligung, Unterscheidungsvermögen
meeting	Treffen, Versammlung
sustain	unterstützen, standhalten, aufrechterhalten
restriction	Beschränkung, Einschränkung
ignore	ignorieren
quarterly	quartalsweise, vierteljährlich; Vierteljahresschrift
scope	Bereich, Umfang

mode	Art (und Weise), Modus
comparison	Vergleich
agricultural	landwirtschaftlich
prospect	Aussicht, Perspektive; erkunden, schürfen
indicator	Indikator
subsidy	Beihilfe, Subvention, Fördermittel
sanction	Sanktion, Billigung; sanktionieren, billigen
bargain	Handel, Geschäft, Gelegenheitskauf, (günstiger) Kauf, (günstige) Gelegenheit
negotiate	verhandeln, aushandeln
deputy	Stellvertreter(in), Abgeordnete(r), Polizeioffizier(in) *AE*
derive	ableiten
battle	Kampf, Schlacht; (be)kämpfen
humanitarian	humanitär, menschenfreundlich, Humanitäts-; Menschenfreund(in)
victory	Sieg
register	Verzeichnis, Register; registrieren
hypothesis *PL* hypotheses	Hypothese, Annahme
rational	rational, vernünftig
political culture	politische Kultur, Politkultur
corporate	körperschaftlich, gesellschaftlich, korporativ, Firmen-, Gemeinschafts-
billion	Milliarde [Vorsicht! Im älteren britischen Englisch: Billion]
sovereign	Souverän(in), Herrscher(in); hoheitlich, souverän
distinct	verschieden, ausgeprägt, deutlich
relief	Entlastung [auch z. B. steuerliche], Wohltat, Unterstützung, Sozialhilfe *AE*, Rechtsbehelf, Relief
economic development	Konjunkturentwicklung, wirtschaftliche Entwicklung

declaration	Erklärung, Deklaration
highlight	Highlight, Lichtblick, Höhepunkt; hervorheben
quote	Zitat; zitieren
migration	Migration, Wanderung, Abwanderung
household	Haushalt; Haushalts-
surprise	Überraschung; überraschen
secular	weltlich, säkular
panel	Gremium
revenue	Einnahme, Ertrag
criterion *PL* criteria *oder* criterions [AE]	Kriterium
presidency	Präsidentschaft
permanent	permanent, dauerhaft
channel *PS* channeled [AE]/channelled [BE] *PP* channeled [AE]/channelled [BE] *VF* channeling [AE]/channelling [BE]	Kanal; kanalisieren, lenken, schleusen
chair	Stuhl, Sessel, Lehrstuhl; den Vorsitz haben
critic	Kritiker(in)
regulate	regulieren
restrict	beschränken, einschränken
Protestant	Protestant(in); protestantisch, evangelisch
progressive	fortschrittlich, progressiv
settlement	Abkommen, Regelung, Siedlung
vision	Vision, Vorstellung
jurisdiction	Rechtsprechung, Gerichtsbarkeit
acquire	erwerben, sich etwas aneignen, akquirieren
logic	Logik
lawyer	Rechtsanwalt, Rechtsanwältin

opponent	Gegner(in), Opponent(in)
enforcement	Durchsetzung, Erzwingung

Vokabeln 901 bis 1000

audience	Publikum, Zuhörerschaft, Audienz
critique	Kritik
senator	Senator(in)
significance	Bedeutung, Signifikanz
consumption	Verbrauch
unity	Einheit, Einigkeit
prominent	prominent, auffällig, markant
Jew	Jude, Jüdin
local government	Kommunalverwaltung
illegal	illegal, verboten
observer	Beobachter(in)
donor	Spender(in)
numerous	zahlreich
subsequent	(nach)folgend, anschließend, später
acknowledge	bestätigen, anerkennen
diverse	verschiedenartig, vielfältig
referendum *PL* referenda *oder* referendums	Referendum, Volksabstimmung
social science	Sozialwissenschaft
attend	teilnehmen
collection	Sammlung, Ansammlung
enforce	durchsetzen, erzwingen
civil rights	Bürgerrechte
sufficient	genügend, ausreichend, hineichend
occupation	Beruf, Beschäftigung, Besetzung [eines Landes], Besitznahme
reinforce	verstärken, bekräftigen
partnership	Partnerschaft

deliver	(aus)liefern, zustellen
assert	beteuern, geltend machen, durchsetzen
variation	Variation, Abweichung
speaker	Redner(in), Sprecher(in)
entry	Eintrag, Dateneintrag, Eingang, Eintritt
unemployment	Arbeitslosigkeit
investigation	Untersuchung, Ermittlung, Erforschung
reduction	Reduktion, Reduzierung, Verringerung, Verkleinerung
score	Ergebnis, Wertung, Punktestand; [gut/schlecht] abschneiden, [Ergebnis] erzielen
ruler	Herrscher(in), Lineal
retain	(bei)behalten
national security	nationale Sicherheit, Staatssicherheit
initial *PS* initialed *AE*/initialled *BE* *PP* initialed *AE*/initialled *BE* *VF* initialing *AE*/initialling *BE*	unterzeichnen [Scheck, Vertrag]; anfänglich, Anfangs-
liberalism	Liberalismus
count	Zählung; (ab)zählen
abuse	Missbrauch; missbrauchen, misshandeln
occupy	besetzen, in Besitz nehmen, Besitz ergreifen von
coverage	Berichterstattung, Versicherungsschutz *AE*
perform	ausführen, durchführen
pose	Haltung; [Thema] aufwerfen, [Frage] stellen
integrate	integrieren, eingliedern
widespread	weitverbreitet
Marxist	Marxist(in); marxistisch
Marxism	Marxismus
enterprise	Betrieb, Unternehmen

attribute	Attribut, Eigenschaft; zuschreiben, beimessen
trial	Prozess [Gericht]
Ottoman	Osmanin, Osmane; osmanisch
in contrast	im Gegensatz
Lebanese	Libanesin, Libanese; libanesisch
chamber	Kammer
ordinary	gewöhnlich
predict	prognostizieren, vorhersagen
attract	anziehen, anlocken
barrier	Barriere, Hindernis
principal	hauptsächlich, Haupt-; Rektor(in)
enlargement	Vergrößerung, Erweiterung
career	Karriere, Laufbahn, Werdegang
expectation	Erwartung
station	Station, Bahnhof; stationieren
legislator	Gesetzgeber
undertake *PS* undertook *PP* undertaken	unternehmen, durchführen
turnout	Beteiligung, Teilnehmerzahl, Wahlbeteiligung
resist	widerstehen
consultation	Konsultation, Beratung
comprehensive	umfassend
currently	gegenwärtig, momentan
distribute	verteilen, [Waren] vertreiben
Hispanic	spanischer Herkunft, hispanisch; Hispanoamerikaner(in)
long-term	langfristig
agriculture	Landwirtschaft, Ackerbau
sustainable development	nachhaltige Entwicklung
contrary	entgegengesetzt, gegensätzlich; Gegenteil, Gegensatz

vast	ausgedehnt, gewaltig, riesig
technique	Technik
locate	lokalisieren, ausfindig machen
suppose	vermuten, annehmen
release	Freilassung, Freigabe, Ausgabe [z. B. eines Buches]; freigeben
block	Block, Klotz; blockieren, (ver)sperren
geography	Geografie, Erdkunde
deliberative	beratend
governmental	behördlich, Regierungs-
climate change	Klimawandel
Italian	Italiener(in), Italienisch; italienisch
socialism	Sozialismus
destroy	zerstören, vernichten
check	Kontrolle, Scheck ^{AE}; kontrollieren, prüfen
victim	Opfer
provincial	provinziell; Provinzler(in)
decision-making	Entscheidungsfindung
intention	Absicht, Bestreben, Intention
world politics	Weltpolitik
in practise	praktisch, in der Praxis
team	Mannschaft, Team

Vokabeln 1001 bis 1100

orientation	Orientierung
mosque	Moschee
ballot	Stimmzettel, (geheime) Abstimmung
quota	Quote, Anteil, Kontingent
location	Lage, Standort, Stelle
organizational [auch: organisational]	organisatorisch

economist	Wirtschaftswissenschaftler(in), Ökonom(in)
researcher	Forscher(in)
member state	Mitgliedsstaat
stable	stabil
underlie *PS* underlay *PP* underlain *VF* underlying	zugrunde liegen
mission	Mission, Berufung
refugee	Flüchtling
extensive	umfangreich, ausgedehnt
monetary	monetär, währungspolitisch, Geld-, Währungs-
competitive	wettbewerbsfähig, konkurrenzfähig, Wettbewerbs-
personality	Persönlichkeit
possess	besitzen
insight	Einsicht
moderate	moderat, mäßig; moderieren, mäßigen
ban *PS* banned *PP* banned *VF* banning	verbannen, verbieten, sperren; Bann, Verbot, Sperre
evaluate	evaluieren, bewerten, berechnen
launch	starten; Start
infrastructure	Infrastruktur
outline	Kontur, Entwurf, Umriss, Skizze; entwerfen, skizzieren
occasion	Gelegenheit, Anlass; verursachen
case study	Fallstudie
public sphere	Öffentlichkeit
confirm	bekräftigen, bestätigen
journalist	Journalist(in)

draft	Entwurf, Skizze, Einberufung [AE], Rekrutierung [AE], Zahlungsanweisung [AE], Luftzug; entwerfen, verfassen, ausarbeiten, einberufen [zum Militär]
global politics	Weltpolitik
comparative politics	vergleichende Politikwissenschaft
invasion	Invasion, Übergriff
unique	eindeutig, einmalig, einzigartig
reaction	Reaktion
request	Bitte, Gesuch; (er)bitten, ersuchen
virtually	nahezu, so gut wie
arena	Arena, Manege
activism	Aktivismus
preserve	bewahren, erhalten
versus	versus, gegen
collect	sammeln, sich ansammeln
experiment	Experiment, Versuch; experimentieren
theorist	Theoretiker(in)
statistic	statistisch
innovation	Innovation, Neuerung
analyze [AE], **analyse** [BE]	analysieren
evolution	Evolution, Entwicklung
entity	Objekt, Ding, Entität
convince	überzeugen
payment	Zahlung, Bezahlung
session	Sitzung
identification	Identifizierung, Identifikation
virtue	Rechtschaffenheit, Tugend(haftigkeit)
announce	ankündigen, verkünden
gas *PL* gases [selten: gasses] *PS* gassed *PP* gassed *VF* gassing	mit Gas versorgen, vergasen; Gas, Benzin [AE]
conventional	konventionell, herkömmlich

controversy	Kontroverse
prevail	vorherrschen, überwiegen
evident	evident, offensichtlich
secret	Geheimnis; geheim, heimlich
per capita	pro Kopf
approve	genehmigen, zulassen
migrant	Migrant(in), Zuwanderer, Zuwanderin, Umsiedler(in)
regulatory	regulatorisch
damage	Schädigung, Beschädigung
employee	Arbeitnehmer(in), Angestellte(r)
political participation	politischen Mitwirkung
county	Bezirk, Grafschaft
consciousness	Bewusstsein
display	Anzeige, Auslage [im Schaufenster], Ausstellung, Display [Bildschirm]; (an)zeigen, ausstellen
profit	Profit, Gewinn, Nutzen; profitieren, nützen
civilization [auch: civilisation *BE*]	Zivilisation, Kultur
appointment	Ernennung, Berufung, Einsetzung, Verabredung, Zusammenkunft
file	Akte, Datei; abheften, einordnen
incorporate	einverleiben, einfügen, inkorporieren, beinhalten
territorial	territorial
Egyptian	Ägypter(in); ägyptisch
correct	richtig, korrekt; berichtigen, korrigieren, verbessern
arrest	Verhaftung; festnehmen, verhaften
host	Gastgeber(in), Zentralcomputer, Host
soldier	Soldat(in)

servant	Diener(in)
imperial	imperial
sentence	Satz, Strafe [Gericht]; verurteilen [zu einer Strafe]
influential	einflussreich
apparent	offensichtlich, scheinbar
potentially	möglicherweise
bomb	Bombe; bombardieren
Scandinavian	Skandinavier(in), skandinavisch
loyalty	Loyalität, Treue
mandate	Mandat, Vollmacht; bevollmächtigen, beauftragen
drop *PS* dropped *PP* dropped *VF* dropping	abnehmen, (ab)fallen; Rückgang, Einbruch [starker Abfall]
postwar *AE*, **post-war** *BE*	Nachkriegs-, nach dem Krieg
confront	gegenüberstellen, konfrontieren, entgegentreten
discover	entdecken
complaint	Beschwerde
suspect	verdächtig, zweifelhaft; vermuten; Verdächtige(r)
Iranian	Iraner(in), Iranisch; iranisch

Vokabeln 1101 bis 1200

dictatorship	Diktatur, Gewaltherrschaft
violation	Verletzung [von Vorschriften], Übertretung, Verstoß
manufacture	Herstellung, Fabrikation; erzeugen, fertigen, herstellen
ownership	Eigentümerschaft, Eigentumsrecht
regular	regelmäßig, regulär
survive	überleben, überstehen
currency	Währung

summary	Zusammenfassung
consent	Zustimmung, Einwilligung; zustimmen, einwilligen
accompany	begleiten
embrace	Umarmung; umarmen, umfassen, [bereitwillig] akzeptieren
weaken	schwächen, schwach werden
veto *PL* vetoes	Veto
phase	Phase
charter	chartern; Charter, Urkunde, Gründungsurkunde, Charta, Satzung; chartern
effectiveness	Effektivität, Wirksamkeit
dialog *AE*, **dialogue** *BE*	Dialog, Gespräch
league	Liga, Bündnis, Bund
voluntary	freiwillig
educate	ausbilden, erziehen
hierarchy	Hierarchie, Rangordnung
massive	massiv
electorate	Wähler(schaft)
normative	normativ, normgebend, normierend
human being	Mensch
admit *PS* admitted *PP* admitted *VF* admitting	zugeben, zulassen
settle	regeln, begleichen, klären, bereinigen, beruhigen, schließen [Vertrag], besiedeln
initially	anfangs, zuerst, zunächst
labor union *AE*, **trade union** *BE*	Gewerkschaft
monarchy	Monarchie
nationality	Nationalität, Staatsangehörigkeit
initiate	initiieren, veranlassen; Eingeweihte(r)
destruction	Destruktion, Zerstörung

delegate	Delegierte(r); delegieren
House of Commons *BE*	Unterhaus
Swedish	Schwedisch; schwedisch
causal	kausal, ursächlich
Eastern Europe	Osteuropa
medical	medizinisch
constrain	einschränken
asset	Vermögen(swert), Vorteil
manager	Manager(in), Geschäftsführer(in), Leiter(in)
exclusion	Ausschluss
specify	spezifizieren, genau beschreiben
scheme	Schema, Plan
abroad	im/ins Ausland
uncertainty	Unbestimmtheit, Ungewissheit
loan	Darlehen, Kredit; leihen, borgen
inquiry [seltener: enquiry]	Anfrage, Abfrage, Untersuchung
ethical	ethisch
worth	wert; Wert
purchase	Einkauf, Kauf; kaufen
investigate	erforschen, untersuchen
witness	Zeugin, Zeuge; bezeugen
item	Gegenstand, Ding, Themenpunkt
coordinate	Koordinate; koordinieren; beigeordnet, nebengeordnet
insist	[auf etwas] bestehen, beharren
submit *PS* submitted *PP* submitted *VF* submitting	abschicken, einreichen
limitation	Begrenzung, Einschränkung
chairman	Chairman, Vorsitzende(r)
presidential election	Präsidentschaftswahl
statistical	statistisch

realm	Bereich, Fachgebiet, Königreich
domain	Gebiet, Bereich, Domain, Domäne
Security Council	Sicherheitsrat
modernization [auch: modernisation ^{BE}]	Modernisierung
eliminate	eliminieren, beseitigen
evolve	(sich) entwickeln, (sich) entfalten
decrease	Abnahme, Verminderung, Verringerung; abnehmen, vermindern, verringern
mistake *PS* mistook *PP* mistaken	missverstehen, sich irren, sich versehen; Missverständnis, Versehen, Missgriff, Fehler
advertise	werben, inserieren, annoncieren, (öffentlich) ankündigen
House of Representatives ^{AE}	Repräsentantenhaus
random	zufällig, Zufalls-
employer	Arbeitgeber(in)
ecological	ökologisch
zone	Zone
via	über, durch [von einem Ort zum anderen], via
liberalization [auch: liberalisation ^{BE}]	Liberalisierung
colony	Kolonie
stake	Beteiligung, Einsatz
gather	sammeln, sich ansammeln, versammeln
technological	technologisch, technisch
reflection	Reflexion, Nachdenken
engineer	Ingenieur(in), Techniker(in); ingenieurmäßig planen/erstellen, konstruieren
overcome *PS* overcame *PP* overcome	überwinden, bewältigen

solidarity	Solidarität
facility	Einrichtung, Möglichkeit, Begabung, Geschicklichkeit
economic policy	Wirtschaftspolitik
multilateral	mehrseitig, vielseitig, multilateral
philosophical	philosophisch
dilemma	Dilemma, Zwangslage, Zwickmühle
abstract	abstrakt; Zusammenfassung; abstrahieren
tariff	Tarif, Zolltarif, Zollgebühr, Preisverzeichnis; mit Zoll belegen
tribunal	Tribunal
notably	bemerkenswert, angesehen, auffallend
dangerous	gefährlich
sociological	soziologisch
symbolic	symbolisch
examination	Examen, Prüfung, Untersuchung
capability	Leistungsfähigkeit, Befähigung

Vokabeln 1201 bis 1300

accuse	anklagen, beschuldigen
warn	warnen
cluster	Cluster, Gruppe
terror	Schrecken, Terror
alien	Fremde(r); fremd
statute	Statut, Satzung
remark	Bemerkung, Anmerkung; anmerken, eine Bemerkung machen
solve	auflösen, lösen
diplomatic	diplomatisch
indigenous	einheimisch, heimisch, eingeboren
insurance	Versicherung
obstacle	Hindernis

rhetoric	Rhetorik, Redekunst
jury	Jury, Geschworene, Prüfungsausschuss
privilege	Privileg, Vorrecht; bevorzugen
political power	politische Macht
coup	Coup, Umsturz, Putsch, Staatsstreich
Pacific	Pazifik; pazifisch
account for	erklären, begründen, Rechenschaft ablegen über, verantwortlich sein für
fuel *PS* fueled [AE]/fuelled [BE] *PP* fueled [AE]/fuelled [BE] *VF* fueling [AE]/fuelling [BE]	befeuern, schüren, anheizen, anfachen, betanken; Brennstoff, Kraftstoff, Treibstoff
enact	erlassen [Gesetzt], aufführen [Theater]
nomination	Nominierung, Ernennung
proposition	Proposition, Vorschlag, Satz [Aussage], Lehrsatz
fashion	Mode
expense	Ausgabe, Aufwand, Kosten
ancient	uralt, sehr alt
central committee	Zentralkomitee
political scientist	Politikwissenschaftler(in), Politologin, Politologe
expose	freilegen, zur Schau stellen, exponieren
equilibrium *PL* equilibria *oder* equilibriums	Gleichgewicht
tactic	Taktik
ethnic group	Volksgruppe, ethnische Gruppe, Ethnie
passage	Durchfahrt, Durchgang, Passage
rival *PS* rivaled [AE]/rivalled [BE] *PP* rivaled [AE]/rivalled [BE] *VF* rivaling [AE]/rivalling [BE]	rivalisieren, konkurrieren; konkurrierend; Konkurrent(in), Rivale, Rivalin
drug *PS* drugged *PP* drugged *VF* drugging	Medikamente geben, betäuben; Arznei(mittel), Droge
abortion	Abtreibung

advice	Rat(schlag)
deliberation	Überlegung, Bedachtsamkeit, Behutsamkeit
foreign affairs	auswärtige Angelegenheiten
Greek	Griechin, Grieche, Griechisch; griechisch
proper	passend, geeignet, angemessen, eigentlich; richtig
improvement	Verbesserung, Fortschritt
diplomacy	Diplomatie
wealthy *KO* wealthier *SU* wealthiest	reich, wohlhabend
vital	vital, lebensnotwendig
apart	getrennt
explicitly	explizit, ausdrücklich, ausführlich
bureaucratic	bürokratisch
free trade	freier Handel, Freihandel
persuade	überreden, überzeugen
necessity	Notwendigkeit
producer	Produzent(in), Hersteller(in)
in recent years	in den letzten Jahren
unlikely	unwahrscheinlich, aussichtslos
weakness	Schwäche
recommendation	Empfehlung
prohibit	untersagen, verbieten
separation	Abtrennung, Trennung
mutual	gegenseitig, wechselseitig
resident	Bewohner(in); ansässig, wohnhaft
legacy	Vermächtnis, Erbschaft, Hinterlassenschaft
redistribution	Umverteilung
plant	[technische] Anlage, Fabrik, Pflanze; pflanzen

exit	Ausstieg, Ausgang, Ausfahrt; aussteigen, herausgehen, [Programm] beenden
controversial	kontrovers, strittig, umstritten
capable	fähig, befähigt
satisfy	erfüllen, zufriedenstellen
criticize [auch: criticise *BE*]	kritisieren
warfare	Kriegsführung
Muhammad	Mohammed
render	machen, leisten [z. B. Hilfe], wiedergeben, vorlegen [z. B. Rechnung], abwerfen [z. B. Gewinn]
paradigm	Paradigma, vorherrschende (wissenschaftliche) Denkweise
Australian	Australier(in); australisch
sound	stabil, fundiert, stimmig; Klang; klingen
commodity	Commodity, Handelsware, Rohstoff [bei Termingeschäften]
incumbent	amtierend; Amtsinhaber(in)
survival	Überleben
ethics	Ethik, Sittenlehre
abandon	verlassen, aufgeben, preisgeben
trouble	Sorge, Problem, Schwierigkeit(en), Konflikt; (sich) beunruhigen, Sorge machen
native	Ureinwohner(in), Einheimische(r); einheimisch
nonetheless	nichtsdestoweniger, dennoch, trotzdem
colleague	Kollege, Arbeitskollege
surround	umringen, umzingeln, umgeben
crown	Krone; krönen
master	meistern, bewältigen; Meister(in), Master
linkage	Anbindung, Kopplung
party system	Parteiensystem

violate	[eine Vorschrift] verletzen, [ein Gesetz] übertreten
archive	Archiv; archivieren
trace	aufspüren, ausfindig machen; Spur
adjustment	Ausrichtung, Justierung
judiciary	Justiz, Gerichtswesen, richterliche Gewalt
hostility	Feindseligkeit
morality	Moralität, Sittlichkeit
disaffection	Unzufriedenheit, Staatsverdrossenheit
exploit	verwerten, ausbeuten, ausnutzen; Heldentat, große Leistung
motivate	motivieren, anspornen
proceed	weitergehen, fortschreiten, weitermachen, vorgehen, verfahren
succession	Nachfolge, Folge, Erbfolge

Vokabeln 1301 bis 1400

parliamentarian	Parlamentarier(in)
favorable *AE*, **favourable** *BE*	günstig, wohlwollend
memory	Gedächtnis, Erinnerung, Speicher [eines Computers]
assist	assistieren
approval	Zustimmung, Genehmigung
continent	Kontinent, Erdteil
emergency	Notfall
summit	Gipfel, Gipfeltreffen, Höhepunkt
compelling	zwingend, überzeugend, unwiderstehlich, verlockend
apparently	anscheinend, offenbar, offensichtlich
dramatic	dramatisch
Western Europe	Westeuropa
complexity	Komplexität

escape	(ent)fliehen, entgehen, entkommen, entweichen; Flucht
justification	Rechtfertigung
comprise	umfassen, bestehen aus
constituent	Bestandteil
personnel	Personal, Belegschaft
invest	investieren
racism	Rassismus
ongoing	andauernd, (fort)laufend
working paper	Arbeitspapier
diminish	verringern, (ver)mindern, nachlassen
liberation	Befreiung
transport	Transport; transportieren
achievement	Zustandebringen, Errungenschaft
probability	Wahrscheinlichkeit
reverse	entgegengesetzt, umgekehrt; Gegenteil, [das] Umgekehrte; rückgängig machen, zurücksetzen, umdrehen
punishment	Bestrafung, Strafe
parallel	parallel verlaufen, ähneln; parallel; Parallele
transparency	Transparenz
narrative	Erzählung, Schilderung
gay	Schwuler, Homosexuelle(r); homosexuell, schwul, fröhlich
encounter	Begegnung; stoßen auf
recommend	empfehlen
couple	Paar; (ver)koppeln
systematic	systematisch
social policy	Sozialpolitik
private sector	privater Bereich, Privatwirtschaft, privatwirtschaftlicher Bereich

equity	Equity, Eigenkapital, Beteiligungskapital, Gerechtigkeit, Unparteilichkeit
mass media	Massenmedien
safety	Sicherheit
forecast *PS* forecast/forecasted *PP* forecast/forecasted	vorhersagen, voraussagen; Vorhersage, Prognose
split *PS* split *PP* split *VF* splitting	(auf)teilen, trennen; Split [z. B. Aktiensplit]
nominee	Kandidat(in)
fiscal	fiskalisch, steuerlich, Finanz-
attach	befestigen, anhängen, beifügen
bureau *PL* bureaux *BE* *oder* bureaus *AE*	Büro, Amt, Behörde
federal government	Bundesregierung
honor *AE*, **honour** *BE*	Ehre; anerkennen, honorieren, (ver)ehren
social democratic	sozialdemokratisch
analyst	Analyst(in)
pursuit	Verfolgung(sjagd), Streben
White House, the *AE*	das Weiße Haus
dominance	Überlegenheit, Dominanz
crude	Rohöl, Rohprodukt; roh, grob
health care	Gesundheitswesen, medizinische Versorgung
Irish	Irisch, Iren; irisch, irländisch
likelihood	Wahrscheinlichkeit
output *PS* output/outputted *PP* output/outputted *VF* outputting	ausgeben; Ausgabe, Ergebnis, Ertrag
expertise	Fachkenntnis, Sachkunde, Expertise
corrupt	korrupt, bestechlich; korrumpieren, bestechen
complicated	kompliziert

inflation	Inflation
proportional	proportional
coefficient	Koeffizient
articulate	artikulieren, deutlich aussprechen
stock	Lager, Bestand, Vorrat, Aktie ^{AE}; bevorraten
surface	Fläche, Oberfläche; ans Tageslicht kommen, auftauchen
enormous	enorm, gewaltig, riesig
conceive	ausdenken, begreifen, konzipieren
reward	Belohnung; belohnen
correspond	entsprechen, korrespondieren
urge	drängen, dringend bitten; Drang, Verlangen
obviously	offensichtlich, augenscheinlich, naheliegend
rebellion	Aufstand, Rebellion
recall	Rückruf(aktion), Abberufung, Erinnerung; zurückrufen, abberufen, sich erinnern (an)
owe	verdanken, schulden
incident	Zwischenfall, Vorfall
public sector	öffentlicher Bereich, öffentlicher Sektor; öffentlich [staatlich], Staats-
adoption	Adoption, Aneignung
square	Quadrat; quadratisch, Quadrat-; quadrieren
point of view	Blickwinkel, Gesichtspunkt, Standpunkt
greatly	sehr, überaus, außerordentlich
bloc	[politischer] Block, Staatenblock
combat *PS* combated/combatted *PP* combated/combatted *VF* combating/combatting	(be)kämpfen; Kampf, Bekämpfung

participatory	partizipatorisch, teilnehmend
distinctive	unverwechselbar, unverkennbar
commerce	Handel
sponsor	Sponsor(in); fördern, sponsern
essence	Essenz, Wesentliche
quarter	Viertel, Vierteldollar *AE*; einquartieren, vierteln
federation	Föderation, Vereinigung
wall	Mauer, Wand
devote	(sich) widmen
regression	Regression, rückläufige Entwicklung
repression	Repression, Unterdrückung, Verdrängung
opposite	Gegenteil; entgegengesetzt, gegenüberliegend; gegenüber
graduate	abstufen, staffeln, graduieren; Hochschulabsolvent(in)
Third World	Dritte Welt

Vokabeln 1401 bis 1500

autonomous	autonom, unabhängig
efficiency	Effizienz, Leistungsfähigkeit
severe	ernst, heftig
general election	allgemeine Wahl(en), Parlamentswahl *BE*
blogger	Blogger(in)
burden	Belastung; belasten, aufbürden
prison	Gefängnis, Strafanstalt
Labour Party *BE*	Labour Party [Arbeiterpartei]
national government	nationale Regierung
Palestine	Palästina
boycott	Boykott
bilateral	bilateral, zweiseitig, beiderseitig
extension	Ausdehnung, Erweiterung, Verlängerung

handle	handhaben, behandeln [z. B. ein Thema]; Griff
clash	Konflikt, Kollision, Zusammenprall, Überschneidung; zusammenstoßen, aufeinanderprallen, sich überschneiden, nicht harmonieren
portion	Portion, Anteil
evaluation	Evaluierung, Beurteilung, Bewertung
central government	Zentralregierung
social network	soziales Netz(werk)
taxation	Besteuerung, Taxierung
yield	hervorbringen, ergeben [zum/als Ergebnis haben]; Ertrag, Gewinn
restore	wiederherstellen, restaurieren
historian	Historiker(in)
Commonwealth	Commonwealth
peaceful	friedlich
clause	Klausel
compose	zusammensetzen, zusammenstellen, komponieren
dependence	Abhängigkeit
correlation	Korrelation, Zusammenhang
divorce	Scheidung, Ehescheidung; scheiden, sich scheiden lassen
adapt	anpassen, adaptieren
inevitable	unvermeidlich, unausweichlich, zwangsläufig
disease	Erkrankung, Krankheit
fairly	ziemlich, einigermaßen
ratio	Verhältnis, Quotient
allocation	Zuteilung, Kontingentierung, Vergabe [z. B. von öffentlichen Mitteln]
sentiment	Sentiment, Stimmung

scene	Szene
myth	Mythos, Sage, Legende
thesis *PL* theses	Behauptung, These, Doktorarbeit
militant	militant, kriegerisch; Kämpfer(in), Aktivist(in)
transaction	Transaktion, Geschäftsabschluss, Abwicklung
Scottish	schottisch
disagree	nicht übereinstimmen
endorse	befürworten, bestätigen, indossieren [z. B. Scheck auf der Rückseite abzeichnen]
advocacy	Befürwortung, Empfehlung
assign	zuordnen, zuweisen
inclusion	Einbeziehung, Einschluss, Inklusion
prosperity	Wohlstand, Prosperität [Periode wirtschaftlichen Aufschwungs]
publicly	öffentlich
Nazi	Nazi, Faschist(in); Nazi-
withdraw *PS* withdrew *PP* withdrawn	(sich) zurückziehen, abheben [Geld]
domination	Dominanz, Herrschaft, Vorherrschaft
simultaneously	gleichzeitig, simultan
electronic	elektronisch
slave	Sklave, Sklavin
federalism	Föderalismus
license *AE*, **licence** *BE*	Lizenz, Zulassung
inspire	inspirieren
award	Auszeichnung; auszeichnen, verleihen
blame	Schuld, Tadel; beschuldigen, Vorwürfe machen
interdependence	Interdependenz, gegenseitige Abhängigkeit

explicit	explizit, ausführlich
gradually	allmählich
policymaking [auch: policy-making]	Politikgestaltung; die Richtlinien der Politik bestimmend
civil liberties	Bürgerrechte, bürgerliche Freiheiten
precede	vorangehen, vorausgehen
classic	klassisch; Klassiker
commissioner	Kommissar(in)
promotion	Förderung, Werbekampagne, Beförderung [Beruf]
guard	Wache, Wächter(in), Schaffner(in) *BE*, Schutz; bewachen, beschützen
secondary	sekundär, untergeordnet
contend	kämpfen, ringen, disputieren, wetteifern, sich bewerben, behaupten, geltend machen
awareness	Gewahrsein, Kenntnis
minor	geringer, kleiner
duplicate	Duplikat; duplizieren, verdoppeln
disadvantage	Nachteil
successor	Nachfolger(in)
vulnerable	verletzlich, verwundbar, vulnerabel
Arabic	Arabisch; arabisch
Republican Party	Republican Party [Republikanische Partei]
institutionalize [auch: institutionalise *BE*]	institutionalisieren, in eine Anstalt einweisen
reasonable	angemessen, vernünftig
dummy	Attrappe, Strohmann, Dummy
confine	beschränken, begrenzen
entitled	berechtigt
Turkish	Türkisch; türkisch

civil servant	Staatsbeamtin, Staatsbeamter, Staatsdiener(in), Verwaltungsbeamtin, Verwaltungsbeamter
slavery	Sklaverei
collective action	Gemeinschaftsaktion [z. B. Arbeitskampf], kollektive Maßnahme
intervene	intervenieren, eingreifen
inevitably	unvermeidlich, unausweichlich, zwangsläufig
donation	Spende, Schenkung
concession	(amtliche) Konzession, (behördliche) Bewilligung, Genehmigung, Gewerbeerlaubnis [AE]
social capital	soziales Kapital, Sozialkapital
lend *PS* lent *PP* lent	leihen, ausleihen, verleihen
Afghan	Afghanin, Afghane, Afghanisch; afghanisch
respectively	jeweils, beziehungsweise
bond	Schuldverschreibung, Schuldschein, Obligation, (festverzinsliches) Wertpapier, Anleihe, Zollverschluss, Bindung; verpfänden, unter Zollverschluss legen
deficit	Defizit, Mangel, Fehlbetrag

Vokabeln 1501 bis 1600

entail	beinhalten, mit sich bringen
vicepresident [AE], **vice-president** [BE]	Vizepräsident(in)
national identity	nationale Identität, nationales Zugehörigkeitsgefühl
coast	Küste
oversight	Versehen, Aufsicht
appearance	Erscheinung, Aussehen, Anschein

notice	Notiz, Bekanntmachung; (be)merken, beachten
commonly	allgemein, im Allgemeinen
roughly	ungefähr
centralize [auch: centralise ^{BE}]	zentralisieren
slightly	etwas, ein wenig, ein bisschen
societal	gesellschaftlich
ambition	Ambition, Ehrgeiz, Zielsetzung
qualify	qualifizieren
originally	originell
passion	Leidenschaft, Passion
accountable	verantwortlich, rechenschaftspflichtig
regularly	regelmäßig, regulär
political action	politisches Handeln, politische Aktion
disaster	Desaster, Katastrophe
inhabitant	Bewohner(in), Einwohner(in)
conceptual	begrifflich, konzeptionell
suit	Prozess [Gericht], Anzug; passen
geographical	geografisch
commander	Befehlshaber(in), Kommandeur(in)
counterpart	Gegenstück, Pendant
merit	Verdienst, Vorzug; verdienen
problematic	problematisch
productive	ergiebig, produktiv
middle class	Mittelschicht, Mittelklasse
regardless	ungeachtet, ohne Rücksicht auf
actively	aktiv
labor market ^{AE}, **labour market** ^{BE}	Arbeitsmarkt
reformer	Reformer(in)
valuable	wertvoll

unify	vereinigen, vereinheitlichen
satellite	Satellit, Trabant; Satelliten-
electoral reform	Wahlreform
lecture	Vorlesung, Vortrag, Lehrveranstaltung; Vortrag halten, Vorlesung halten
counter	Zähler, Theke, Ladentisch, Schalter [Bank]; entgegenwirken, entgegnen, kontern; entgegen
withdrawal	Rückzug, Abhebung [Geld]
psychological	psychologisch
afford	sich leisten, ermöglichen
dissent	anderer Meinung sein; Meinungsverschiedenheit, Dissens, andere Meinung
imperialism	Imperialismus
familiar	familiär, vertraut
investor	Investor(in)
endure	aushalten, ertragen
reputation	Ansehen, Reputation
match	passen, zusammenpassen, entsprechen; Wettkampf
natural resources	Bodenschätze, Rohstoffe
economic reform	Wirtschaftsreform
suggestion	Vorschlag
client	Klient(in)
broadly	allgemein, in groben Zügen, weitgehend
worldwide	weltweit
mediate	vermitteln
judgment [auch: judgement]	Urteil, richterliche Entscheidung, Beurteilung
compliance	Compliance [Einhaltung von Regeln]
pluralism	Pluralismus
realism	Realismus

approximately	ungefähr, annähernd, etwa
evangelical	evangelisch
peer	Gleichrangige(r), Gleichaltrige(r), Hochadlige(r) ^{BE}; spähen
worry	Sorge; (sich) beunruhigen, (sich) sorgen
Christianity	Christentum
concentration	Konzentration, Ansammlung
sultan	Sultan
intense	intensiv
missile	Rakete
signal *PS* signaled ^{AE}/signalled ^{BE} *PP* signaled ^{AE}/signalled ^{BE} *VF* signaling ^{AE}/signalling ^{BE}	signalisieren; Signal
grand	gewaltig, groß, großartig
philosopher	Philosoph(in)
African American	Afroamerikaner(in); afroamerikanisch
recruit	Rekrut; rekrutieren
partial	partiell, teilweise
ultimate	endgültig, äußerste
strict	streng, strikt, genau
removal	Entfernung, Beseitigung, Entnahme, Abtrennen
superior	höhergestellt, überlegen; Vorgesetzte(r)
modify	modifizieren, (ab)ändern
Taliban	Taliban
tribe	Volksstamm
adviser	Berater(in), Ratgeber(in)
temporary	vorläufig, vorübergehend, zeitweilig
exert	ausüben
acceptance	Akzeptanz, Akzeptierung
stakeholder	Teilhaber(in), Interessenvertreter(in), treuhänderische(r) Verwahrer(in)

measurement	Messung, Messwert
profile	Profil
militia	Miliz, Bürgerwehr
consistently	konsistent
formally	formal, formell, förmlich
permission	Erlaubnis, Genehmigung
globe	Erdkugel, Globus, Kugel, Weltkugel
neglect	vernachlässigen; Vernachlässigung, Nachlässigkeit
motivation	Motivation, Ansporn
label *PS* labeled [AE]/labelled [BE] *PP* labeled [AE]/labelled [BE] *VF* labeling [AE]/labelling [BE]	kennzeichnen; Label, Etikett, Aufkleber
overview	Überblick
aggregate	Aggregat, Gesamtsumme; angesammelt; (sich) anhäufen, ansammeln

Vokabeln 1601 bis 1700

municipal	städtisch
communicate	mitteilen, kommunizieren
nominate	ernennen, nominieren
atmosphere	Atmosphäre, Stimmung
monopoly	Monopol
methodology	Methodik, Methodologie
whilst [BE]	während, solange
openness	Offenheit, Aufgeschlossenheit
frontier	Landesgrenze
stimulate	stimulieren, anregen
overthrow *PS* overthrew *PP* overthrown	(um)stürzen; Umsturz
ritual	Ritual; rituell
sacrifice	Verlust, Opfer; opfern

consult	konsultieren, um Rat fragen
shock	Schock, Erschütterung; schockieren, erschüttern
inherent	inhärent, innewohnend, immanent, anhaftend, angeboren
disappear	verschwinden
phrase	Redewendung; formulieren
socioeconomic [auch: socio-economic *BE*]	sozioökonomisch, sozialwirtschaftlich
traffic *PS* trafficked *PP* trafficked *VF* trafficking	Verkehr; illegalen Handel treiben
Conservative Party *BE*	Conservative Party [Konservative Partei]
prediction	Prognose, Vorhersage
realist	Realist(in)
empower	bevollmächtigen, ermächtigen
prejudice	Präjudiz, Vorurteil, Voreingenommenheit, Befangenheit
borrow	(aus)borgen, (aus)leihen
spiritual	geistig, geistlich, spirituell
estate	Besitz(tum), Wohnsiedlung *BE*
track	Spur, Pfad, Weg; verfolgen
famous	berühmt
allocate	zuteilen, zuweisen
hostile	feindlich, feindselig
relevance	Relevanz
allege	[Unerwiesenes] behaupten, vorgeben
legal system	Rechtsordnung, Rechtssystem, Justizwesen
registration	Registrierung
coordination	Koordination, Koordinierung
House of Lords *BE*	Oberhaus
delay	Aufschub, Verspätung, Verzögerung; verzögern

normally	normalerweise
riot	Aufstand, Aufruhr; randalieren
monarch	Monarch(in)
gender equality	Gleichstellung der Geschlechter
working class	Arbeiterklasse, Arbeitnehmerschaft
equivalent	äquivalent, gleichwertig; Äquivalent
armed forces	Streitkräfte
artificial	künstlich
harm	Schaden; schaden, schädigen, verletzen
rare	rar, selten
habit	Gewohnheit, Angewohnheit
pope	Papst
party leader	Parteivorsitzender(in)
civil service	öffentlicher Dienst, Staatsdienst
psychology	Psychologie
fate	Schicksal
reconstruction	Rekonstruktion, Wiederaufbau
exposure	Exposition, Ausgesetztsein, Preisgabe, Enthüllung
discursive	diskursiv, allgemein gehalten, abschweifend
rationality	Rationalität, vernünftige Denkweise, Vernunft
conviction	Überzeugung, Überführung, Verurteilung
constantly	ständig, andauernd
exceed	übersteigen, überschreiten
differently	verschieden, unterschiedlich
rally	Kundgebung, Rallye
maker	Hersteller(in)
modernity	Moderne, Modernität
gross	grob, brutto, Brutto-; Gros, [das] Ganze, überwiegender Teil

instability	Instabilität
delegation	Abordnung, Delegation
composition	Zusammensetzung, Zusammenstellung, Komposition
efficient	effizient, wirkungsvoll
census	Volkszählung, Zensus, Zählung
multinational	multinational; multinationaler Konzern
respective	jeweilig
stance	Standpunkt, Einstellung, Haltung
legally	legal, rechtlich, gesetzlich
satisfaction	Zufriedenstellung, Erfüllung [von Verpflichtungen]; Begleichung [von Schulden]
overseas	in/nach Übersee, Übersee-
cooperative	kooperativ, hilfsbereit; Genossenschaft, Kooperative
motive	Beweggrund, Motiv
calculation	Berechnung
isolate	Isolat; isolieren
emission	Emission
stem *PS* stemmed *PP* stemmed *VF* stemming	eindämmen, zurückhalten; Stamm, Stiel
neutral	neutral
in spite of	trotz
treasury	Staatskasse, Fiskus, Schatzamt, Schatzkammer
Latin American	Lateinamerikaner(in); lateinamerikanisch
industrialize [auch: industrialise *BE*]	industrialisieren
industrialization [auch: industrialisation *BE*]	Industrialisierung
genuine	echt, unverfälscht
embassy	Botschaft(sgebäude)

consolidate	konsolidieren
Secretary of State	Außenminister(in) ^{AE}, Minister(in) ^{BE}
polarization [auch: polarisation ^{BE}]	Polarisation, Polarisierung
confrontation	Konfrontation, Auseinandersetzung, Gegenüberstellung
feed *PS* fed *PP* fed	Nahrung zuführen, (sich) ernähren, füttern; Nahrung, Futter, Fütterung
reproduce	reproduzieren
orthodox	orthodox, strenggläubig
embody	verkörpern, zum Ausdruck bringen

Vokabeln 1701 bis 1800

fundamentally	im Grunde, grundsätzlich, im Wesentlichen
ecology	Ökologie
substantially	beträchtlich, wesentlich, substanziell
disagreement	Meinungsverschiedenheit, Uneinigkeit
socially	gesellschaftlich
safe	sicher, in Sicherheit; Safe
formulate	formulieren
policymaker [auch: policy-maker]	politische(r) Entscheidungsträger(in), Politikgestalter(in)
nuclear weapon	Kernwaffe, Atombombe
communal	kommunal, Gemeinde-, Kommunal-
neighborhood ^{AE}, **neighbourhood** ^{BE}	Nachbarschaft
faculty	Fakultät, Fähigkeit
embed *PS* embedded *PP* embedded *VF* embedding	einbetten
anticipate	erwarten, vorausahnen, vorwegnehmen
punish	bestrafen, strafen

revise	revidieren, überarbeiten
discretion	Diskretion, Verschwiegenheit, Ermessen
torture	Folter; foltern, quälen
overwhelming	überwältigend
interact	wechselwirken, interagieren
acceptable	akzeptabel, annehmbar
exploitation	Abbau [z. B. Bodenschätze], Verwertung [z. B. Patent]
fraud	Betrug
utility	Nutzen, Nützlichkeit, Werkzeug
resign	zurücktreten [vom Amt], abdanken
protocol	Protokoll
analytical	analytisch
propaganda	Propaganda
ministerial	ministeriell
designate	kennzeichnen, bezeichnen, benennen, ernennen; designiert
recipient	Empfänger(in)
aside	beiseite, zur Seite
considerably	beträchtlich, erheblich
bourgeois	Bourgeois, Spießerbürger(in); (spieß)bürgerlich
accomplish	durchführen, vollbringen
humanity	Menschheit, Humanität, Menschlichkeit
reply	Antwort, Erwiderung; (be)antworten, erwidern
offense *AE*, **offence** *BE*	Vergehen, Verstoß
offensive	offensiv, angriffslustig; Offensive, Angriff
formulation	Formulierung
guideline	Richtlinie
factory	Fabrik
frequent	häufig; frequentieren

government policy	Regierungspolitik
cable	Kabel; telegrafieren
exclusive	exklusiv, ausschließlich; Exklusivbericht, Exklusivinterview
writings	Schriften [Werke, Schriftstücke]
contentious	streitsüchtig, strittig, umstritten
patronage	Schirmherrschaft, Patronage
willingness	Bereitschaft, Bereitwilligkeit
condemn	verdammen, missbilligen
subordinate	nachgeordnet, nachrangig, zweitrangig, nebensächlich
elaborate	ausführlich, (sorgfältig) ausgearbeitet; näher ausführen, (sorgfältig) ausarbeiten
penalty	Strafe
colonialism	Kolonialismus
POW [prisoner of war]	Kriegsgefangene(r)
determinant	Determinante, ausschlaggebender Faktor; bestimmend
revolt	Aufstand, Aufruhr, Revolte; (sich) auflehnen, revoltieren
emperor	Herrscher(in), Kaiser(in)
accommodate	anpassen, unterbringen
political change	politischer Wandel
social change	gesellschaftlicher Wandel
architecture	Architektur
outsider	Außenseiter(in)
spatial	räumlich, Raum-
sensitive	empfindsam, sensibel, sensitiv
precedent	Präzedenzfall; vorhergehend
petition	Gesuch, Petition; ersuchen
feedback	Feedback, Rückmeldung, Rückkopplung
integrity	Integrität, Unversehrtheit
favored *AE*, **favoured** *BE*	befürwortet, begünstigt, bevorzugt

mortality	Sterblichkeit, Mortalität
world trade	Welthandel
affiliation	Zugehörigkeit, Angliederung
take into account	berücksichtigen, in Betracht ziehen
portray	porträtieren, schildern
presentation	Präsentation, Vorführung
customs	Zoll, Zollbehörde, Zollabfertigung
sub-Saharan Africa	Schwarzafrika [Afrika südlich der Sahara]
adequate	angemessen, ausreichend
maintenance	Instandhaltung, Wartung
North America	Nordamerika
meaningful	bedeutungsvoll, bedeutsam, sinnvoll
global warming	globale Erwärmung, Erderwärmung
schedule	Zeitplan, Terminplan, Fahrplan, Flugplan; [Termine] planen
classify	klassifizieren
rebel *PS* rebelled *PP* rebelled *VF* rebelling	rebellieren; Rebell
volunteer	Freiwillige(r); sich freiwillig melden
surveillance	Observation, Überwachung
contradiction	Widerspruch
robust	robust, widerstandsfähig
fragment	Fragment; zerbrechen, fragmentieren
accurate	akkurat, genau
manifest	(sich) manifestieren, sichtbar werden; offensichtlich
exhibit	ausstellen; Ausstellungsstück
spectrum *PL* spectra *oder* spectrums	Spektrum
ambassador	Botschafter(in)

bid *PS* bid *PP* bid *VF* bidding	bieten; Gebot [bei Versteigerungen], Angebot [z. B. bei öffentlichen Ausschreibungen], Geld [Nachfrage an der Börse]
convert	konvertieren, umformen, umwandeln
motion	Bewegung

Vokabeln 1801 bis 1900

abolish	abschaffen, aufheben [z. B. eine Vorschrift]
international community	Staatengemeinschaft, Völkergemeinschaft
bureaucrat	Bürokrat(in)
administer	verwalten
threshold	Schwelle
submission	Unterwerfung, Einreichung [z. B. Antrag]
attain	erlangen, erreichen
instruction	Instruktion, Anweisung, Unterricht
segment	Abschnitt, Segment
profound	profund, fundiert, tiefgreifend, umfassend
conversation	Gespräch, Unterhaltung, Konversation
waste	Verschwendung, Vergeudung, Abfall; verschwenden, vergeuden; öde, wüst, unbebaut
pollution	Verunreinigung, Verschmutzung
customary	üblich, gebräuchlich
publics	Öffentlichkeit, Publikum
medium *PL* media *oder* mediums	durchschnittlich, mittel, medium; Medium
Dutch	Holländer(in), Niederländer(in); holländisch, niederländisch
cooperate	kooperieren, zusammenarbeiten
handbook	Handbuch
renew	erneuern

circulation	Zirkulation, Kreislauf
deploy	einsetzen [z. B. Arbeitskräfte, Truppen]
cease	aufhören, beenden
sophisticated	hoch entwickelt, ausgeklügelt
scenario	Szenario
European Parliament	Europaparlament
nongovernmental *AE*, **non-governmental** *BE*	regierungsunabhängig
continental	kontinental, Kontinental-
Danish	Dänen, Dänisch; dänisch
meaning	Bedeutung
possession	Besitz(tum), Eigentum
reign	Herrschaft, Regentschaft; herrschen, regieren
encompass	umfassen, umschließen, beinhalten
landscape	Landschaft; landschaftlich gestalten
profession	Beruf
conceal	verbergen, verheimlichen, verstecken
fortune	Glück, Glücksfall, Vermögen, Reichtum, Wohlstand
ethnic minority	ethnische Minderheit
scrutiny	Überprüfung, (genaue) Untersuchung, Wahlprüfung
pledge	Versprechen, Schwur; versprechen, schwören
geographic	geografisch
contention	Auseinandersetzung, Streit(igkeit)
provoke	provozieren, herausfordern
accession	Beitritt, Zuwachs
margin	Marge, Spielraum, Rand
assure	zusichern, versichern
hegemony	Hegemonie, Vorherrschaft
injustice	Ungerechtigkeit

social security	Sozialhilfe, Sozialversicherungsrente ^{AE}
historic	historisch
politburo	Politbüro
oblige	verpflichten, zwingen
founder	Gründer(in), Stifter(in)
aristocracy	Adel, Aristokratie
deem	halten für, betrachten als
environmental policy	Umweltpolitik
continuity	Kontinuität, Stetigkeit
guilty *KO* guiltier *SU* guiltiest	schuldig
uphold *PS* upheld *PP* upheld	aufrecht halten, aufrechterhalten, beibehalten
tribal	Stammes-
cosmopolitan	Kosmopolit(in), Weltbürger(in); kosmopolitisch, weltoffen
decisive	ausschlaggebend, entscheidend, maßgebend
modest	bescheiden, anspruchslos, maßvoll
prohibition	Verbot, Prohibition
petroleum	Petroleum, Erdöl, Mineralöl
forthcoming	bevorstehend, kommend
caste	Kaste, Gesellschaftsklasse
authorize [auch: authorise ^{BE}]	autorisieren, ermächtigen
credibility	Glaubwürdigkeit
notable	bemerkenswert, angesehen
deserve	verdienen
national level	nationale Ebene
restructure	umstrukturieren, restrukturieren
invoke	aufrufen, sich berufen auf, erflehen
assistant	Assistent(in), Helfer(in)
depression	Depression

public interest	öffentliches Interesse
admission	Einlass, Zulassung, Eingeständnis
separatist	Separatist(in); separatistisch
feminism	Feminismus
volatility	Volatilität
large-scale	großflächig, großräumig, ausgedehnt, groß angelegt
alternate	alternieren, abwechseln; alternierend, wechselseitig; Stellvertreter(in) [AE]
compensation	Kompensation, Ausgleich, Entschädigung
seize	ergreifen, einnehmen, erobern
correlate	Korrelat, Gegenstück; korrelieren
pressure group	Interessenverband, Lobby
chain	Kette; anketten
political issue	Politikum, politisches Thema, politische Aufgabe
unequal	ungleich
forge	schmieden, formen [z. B. erfolgreiche Beziehungen], (mühsam) schaffen, fälschen; Schmiede
anarchy	Anarchie
oath	Eid, Schwur, Fluch, Verwünschung
pension	Pension, Rente, Ruhegehalt
inclusive	inklusive, inbegriffen
device	Gerät
fragmentation	Aufsplitterung, Fragmentierung, Unterteilung, Zersplitterung
originate	entspringen, seinen Ursprung haben
Soviet state	Sowjetstaat
quantitative	quantitativ

Vokabeln 1901 bis 2000

delivery	Lieferung, Auslieferung, Zustellung

devolution	Dezentralisation, Übertragung [z. B. von Befugnissen]
aftermath	Nachwirkung(en), Folgen
creative	kreativ, schöpferisch
dependency	Abhängigkeit
valid	gültig
self-determination	Selbstbestimmung
international affairs	internationale Angelegenheiten
cognitive	kognitiv, erkenntnismäßig
extraordinary	außergewöhnlich, außerordentlich
exile	Exil; ins Exil schicken, verbannen
follower	Anhänger(in), Mitläufer(in)
blogosphere	Blogosphäre [Netzwerk von Weblogs]
carbon	Kohlenstoff
demographic	demografisch
accordance	Übereinstimmung
substitute	Ersatz, Vertretung; ersetzen, substituieren
suspicion	Verdacht, Argwohn
political disaffection	politische Unzufriedenheit, Politikverdrossenheit
marginal	marginal, geringfügig, Rand-
amnesty	Amnestie, Begnadigung, Straferlass
assertion	Behauptung, Beteuerung
summarize [auch: summarise ^{BE}]	zusammenfassen
partisanship	Parteilichkeit, Vetternwirtschaft
executive branch	Exekutive
determination	Bestimmung
hire	[jemanden] einstellen ^{AE}, mieten ^{BE}; Miete ^{BE}
dissertation	(wissenschaftliche) Abhandlung, Dissertation, Doktorarbeit

commentator	Kommentator(in)
scandal	Skandal
earthquake	Erdbeben
conservatism	Konservatismus
cash	Bargeld, Barzahlung; bar; einlösen [z. B. Scheck]
depict	schildern, veranschaulichen
meteorological	meteorologisch
tragedy	Tragödie, Trauerspiel, Tragik
unprecedented	beispiellos, noch nie da gewesen
social justice	soziale Gerechtigkeit
setting	Lage, Situation, Umfeld, Einrichtung
brotherhood	Brüderlichkeit, Bruderschaft
Shiite	Schiit(in); schiitisch
remedy	Abhilfe, Heilmittel; abhelfen, wiedergutmachen
costly *KO* costlier *SU* costliest	kostenintensiv, kostspielig
cultural politics	Kulturpolitik
discovery	Entdeckung
hospital	Hospital, Krankenhaus
instrumental	instrumental, instrumentell
heritage	Erbe
intensify	intensivieren, (sich) verstärken
properly	ordnungsgemäß, fachgerecht
Tamil	Tamilin, Tamile; tamilisch
persist	fortdauern, bestehen bleiben
deprived	benachteiligt, beraubt
wisdom	Weisheit
preparation	Vorbereitung, Präparation
aggressive	aggressiv
precise	präzise, (sehr) genau

lesser	weniger
Malay	Malaiin, Malaie; malaiisch
pool	Pool, Konsortium; zusammenfassen, bündeln
crop *PS* cropped *PP* cropped *VF* cropping	beschneiden, [Ernte] tragen; Ernte
impression	Eindruck, Auflage [Druck]
differentiate	unterscheiden, differenzieren
competence	Kompetenz, Zuständigkeit
surprisingly	erstaunlicherweise, überraschenderweise
assimilation	Assimilation, Einverleibung
mobility	Mobilität, Beweglichkeit
obey	gehorchen
interference	Interferenz, Überlagerung, Einmischung
productivity	Produktivität
proponent	Befürworter(in), Verfechter(in)
behave	sich (gut) benehmen, sich verhalten
privatization [auch: privatisation *BE*]	Privatisierung
retire	in den Ruhestand gehen
database	Datenbank
quest	Suche; suchen
Bush administration	Bush-Administration [Präsidentschaft von George W. Bush jun. oder George Bush sen.]
proclaim	proklamieren, verkünden
systematically	systematisch
fee	Gebühr, Honorar
social group	Social Group, gesellschaftliche Gruppe
accordingly	(dem)entsprechend
emotional	emotional, gefühlvoll
grievance	Beschwerde(grund)
flexibility	Flexibilität, Beweglichkeit, Biegsamkeit

conquest	Eroberung
operational	operativ, betriebsbereit, einsatzbereit
municipality	Stadtgemeinde, Kommune
trigger	Auslöser, Trigger; auslösen
methodological	methodisch
scholarship	Stipendium
logical	folgerichtig, logisch
responsive	ansprechbar, empfänglich
supplement	Ergänzung, Zusatz; ergänzen
attached to	verbunden mit, zugeneigt
utilize [auch: utilise *BE*]	nutzen, benutzen
sacred	heilig, sakral
dedicate	widmen
chart	Chart, Diagramm; grafisch darstellen
earnings	Ertrag(szahlen), Einkommen

Vokabeln 2001 bis 2100

consume	konsumieren, verbrauchen, verzehren
audit	Überprüfung, Rechnungsprüfung, Buchprüfung, Revision, Audit
ratify	ratifizieren, genehmigen
hierarchical	hierarchisch
public life	öffentliches Leben
relate	in Zusammenhang stehen, berichten
subjective	subjektiv
deceit	Betrug, (bewusste) Täuschung, Falschheit
credible	glaubhaft, glaubwürdig
outlet	Ausgang, Auslass, Ventil, Verkaufsstelle, Absatzmarkt
crowd	Ansammlung, Menschenmenge; (sich) drängen

manipulate	manipulieren
specialize [auch: specialise ^{BE}]	(sich) spezialisieren
human nature	menschliche Natur
plurality	Mehrheit, Stimmenmehrheit, Vielzahl, Pluralität
indication	Anzeichen, Hinweis
manipulation	Manipulation, Verfälschung
objection	Einwand, Einspruch, Widerspruch
reluctant	widerstrebend, widerwillig, zögernd
aggression	Aggression
totalitarian	totalitär
common law	Gewohnheitsrecht
stereotype	Stereotyp, Klischee(vorstellung); stereotyp; stereotypisieren
displace	verlagern, verdrängen, versetzen
chancellor	Kanzler(in)
transportation	Beförderung, Transport
domestic politics	Innenpolitik
excessive	übermäßig, exzessiv
appreciate	(zu) schätzen (wissen)
Kurd	Kurdin, Kurde
repeatedly	wiederholt, mehrmals
privacy	Privatsphäre, Privatleben, Geheimhaltung
hearing	Hearing, Anhörung
advisory	beratend
consolidation	Konsolidierung, Zusammenschluss [von Unternehmen]
clan	Clan, Sippe
induce	induzieren, bewirken
woman candidate	Kandidatin
geopolitical	geopolitisch

assassination	Ermordung, Attentat
specialist	Spezialist(in)
guidance	Führung, Anleitung, Beratung
reliable	verlässlich, zuverlässig
Persian	Perser(in); persisch
attorney	Rechtsanwältin, Rechtsanwalt
imperative	unerlässlich, geboten; Imperativ
advise	beraten, anraten, empfehlen
functional	funktional, funktionell, Funktions-
qualitative	qualitativ
safeguard	Absicherung, Schutzmaßnahme, Sicherheitsmaßnahme, Sicherheitsklausel
privileged	bevorzugt, privilegiert
property right	Eigentumsrecht, Schutzrecht
officially	offiziell
formerly	ehemals
substance	Stoff, Substanz
reconcile	aussöhnen, schlichten
suppress	unterdrücken
amend	verbessern, abändern, berichtigen
liar	Lügner(in)
undergo *PS* underwent *PP* undergone	sich unterziehen, durchmachen
member of Congress *AE*	Kongressabgeordnete(r)
South African	Südafrikaner(in); südafrikanisch
discontent	Unzufriedenheit; unzufrieden
intent	Absicht, Intention, Vorsatz
outlook	Ausblick, Aussicht, Perspektive
guerrilla	Guerillakämpfer(in)
predominant	überwiegend, vorwiegend
expensive	kostspielig, teuer
growth rate	Wachstumsrate, Zuwachsrate

distort	verfälschen, verzerren, verformen
apparatus *PL* apparatus *oder* apparatuses	Gerät, Apparat, Apparatur
Norwegian	Norweger(in), Norwegisch; norwegisch
premise	Prämisse, Voraussetzung
entrepreneur	Unternehmer(in)
Hindu	Hindu; hinduistisch
react	reagieren
strive *PS* strove/strived *PP* striven/strived	sich (be)mühen, bestrebt sein
polygraph	Lügendetektor, Polygraph
coherent	kohärent, zusammenhängend, stimmig
grade	Grad, Sorte, Qualität, Güte, Klasse; einstufen, benoten
clue	Anhaltspunkt, Hinweis
virtual	virtuell
uncertain	ungewiss
confuse	verwirren
execution	Exekution, Hinrichtung, Durchführung, Ausführung
sustainability	Nachhaltigkeit, Umweltverträglichkeit
execute	ausführen
headquarters	Hauptquartier, Hauptsitz, Zentrale
secretariat	Sekretariat
patron	Schirmherr(in), Mäzen(in), Förderer, Förderin
medieval	mittelalterlich
pride	Stolz
tenure	Amtszeit, Festanstellung
equipment	Ausrüstung
indirect	indirekt, mittelbar
plot *PS* plotted *PP* plotted *VF* plotting	plotten [zeichnen], sich verschwören; Plot [grafische Darstellung], Verschwörung

data set [auch: dataset]	Datentabelle, Menge von Daten(sätzen)
scholarly	gelehrt, wissenschaftlich
tolerance	Toleranz
implicit	implizit, inbegriffen

Vokabeln 2101 bis 2200

restraint	Einschränkung, Beschränkung, Freiheitsbeschränkung
efficacy	Effizienz, Wirksamkeit, Zweckmäßigkeit
trade agreement	Handelsabkommen, Wirtschaftsabkommen
continuous	kontinuierlich, ununterbrochen, stetig
workshop	Workshop, Werkstatt
desirable	wünschenswert, erstrebenswert
Cuban	Kubaner(in); kubanisch
celebrate	feiern, zelebrieren, preisen
unrest	Unruhe, Unruhen
public services	öffentliche Versorgungsbetriebe, öffentlicher Dienstleistungen
Czech	Tschechin, Tscheche, Tschechisch; tschechisch
sectarian	Sektierer(in); sektiererisch
soil	Verschmutzung, Erdboden; verschmutzen, beschmutzen, verunreinigen
identity politics	Identitätspolitik
offshore	offshore, küstennah, vor der Küste
military forces	Streitkräfte
directive	Weisung, Direktive
political thinking	politisches Denken, politische Sichtweise
cleavage	Kluft, Spaltung, Zwiespalt
neoliberal	neoliberal
accessible	erreichbar, zugänglich

ambitious	ambitioniert, anspruchsvoll, ehrgeizig
proliferation	starke Zunahme, Wucherung, Proliferation
disclosure	Bekanntmachung, Offenlegung
cohesion	Zusammenhalt
massacre	Massaker, Blutbad; massakrieren, niedermetzeln
homeland	Heimat, Vaterland
novel	neuartig; Roman
metaphor	Metapher, bildlicher Ausdruck
merchant	Kauffrau, Kaufmann; Handels-
incline	Gefälle, Neigung; abfallen, neigen
episode	Episode, Affäre, Folge [Filmserie]
lobbyist	Interessenvertreter(in), Lobbyist(in)
leftist	Linke(r), Linkspolitiker(in); linksgerichtet
pragmatic	pragmatisch
genocide	Genozid, Völkermord
journalism	Journalismus
trait	Merkmal, Eigenschaft
state government	Landesregierung, Staatsregierung
metropolitan	Großstädter(in); (groß)städtisch
elector	Wähler(in), Wahlmann [AE]
superpower	Supermacht
interior	Innere; innere, Innen-
tragic	tragisch
election campaign	Wahlkampagne, Wahlkampf
exploration	Erforschung, Untersuchung
accommodation	Unterkunft [BE], Einigung, Entgegenkommen, Anpassung
anger	Ärger, Zorn; ärgern, verärgern
Korean	Koreaner(in), Koreanisch; koreanisch
classification	Klassifizierung, Klassifikation

loyal	loyal, treu
Diaspora	Diaspora [Vertreibung/Abwanderung aus der Heimat; i. Allg. der Juden]
rethink *PS* rethought *PP* rethought	[nochmals] überdenken
flee *PS* fled *PP* fled	fliehen
oppression	Unterdrückung
species	Art, Spezies
European Community	Europäische Gemeinschaft
reelection	Wiederwahl
applicable	anwendbar
flexible	flexibel
pact	Pakt, Vertrag
suffrage	Wahlrecht, Stimmrecht, Abstimmung, Wahl
assemble	(sich) versammeln, zusammenbauen
manifesto *PL* manifestos *oder* manifestoes	Manifest, öffentliche Erklärung, Grundsatzerklärung, Parteiprogramm, Wahlprogramm
nation-state	Nationalstaat
party politics	Parteipolitik
kingship	Königsherrschaft, Königtum
appropriation	Aneignung, Besitzergreifung
deepen	vertiefen
contingent	Kontingent, Anteil; eventuell, gelegentlich
detect	detektieren, aufspüren
rivalry	Rivalität
constitutive	konstitutiv, grundlegend
New World	Neue Welt
individualism	Individualismus
comparable	vergleichbar
complain	sich beklagen, klagen, sich beschweren

coercion	Zwang, Gewalt(herrschaft), Nötigung
international trade	internationaler Handel, Welthandel
quantity	Menge, Quantität
millennium *PL* millennia *oder* millenniums	Jahrtausend, Millennium
paradox	Paradoxon(on)
projection	Projektion
deliberate	absichtlich, vorsätzlich, überlegt, bedächtig
State Department *AE*	Außenministerium, Auswärtiges Amt
bulletin	Bulletin, amtliche Bekanntmachung
desert	Wüste; öde; im Stich lassen, verlassen, desertieren
conform	entsprechen, übereinstimmen, sich anpassen
breakdown	Zusammenbruch
tank	Tank, Panzer
arrange	arrangieren, anordnen, vereinbaren
detention	Arrest, Festnahme, (politische) Haft, Internierung
decree	Dekret, Verordnung; verordnen, verfügen
nonviolent *AE*, **non-violent** *BE*	gewaltfrei, gewaltlos
public affairs	öffentlichen Angelegenheiten
predecessor	Vorgänger(in)
Kurdish	Kurdisch; kurdisch
literacy	Lese- und Schreibfähigkeit
diplomat	Diplomat(in)
imposition	Verhängung, Auferlegung, Aufzwingen

Vokabeln 2201 bis 2300

affiliate	angliedern; Tochtergesellschaft, Zweigfirma

arguably	wohl, vertretbarer Weise
social democrat	Sozialdemokrat(in)
albeit	wenngleich, obgleich, obschon
tyranny	Tyrannei, Gewaltherrschaft
environmental politics	Umweltpolitik
affirmative	affirmativ, bekräftigend, zustimmend
champion	Champion, Sieger(in)
social welfare	Sozialfürsorge, Sozialhilfe
convey	übermitteln, mitteilen
elected officials	(gewählte) Volksvertreter(innen), gewählte Amtsträger(innen), Mandatsträger(innen)
gender mainstreaming	Gender Mainstreaming, Geschlechtergleichstellung
free market	freier Markt
manifestation	Manifestation, Manifestierung
validity	Gültigkeit(sdauer), Validität
parliamentary election	Parlamentswahl
comply	befolgen
excess	Überschuss, Übermaß, Exzess; überzählig, überschüssig
public space	öffentlicher Bereich, öffentlicher Raum
strain	Belastung, Anspannung; belasten, anstrengen, (sich) anspannen
assignment	Zuordnung, Zuteilung, Zuweisung, Aufgabe [Schule]
reliance	Vertrauen
populist	Populist(in); populistisch
rejection	Zurückweisung
assault	Überfall, Angriff; überfallen
occasionally	gelegentlich
reside	wohnen, wohnhaft sein, residieren

odds	Chancen, Gewinnchancen, Verschiedenheit, Unterschied
allegiance	Loyalität, Ergebenheit
attachment	Anhang, Befestigung
procedural	prozedural, verfahrenstechnisch, verfahrensrechtlich
fascist	Faschist(in); faschistisch
bourgeoisie	bürgerliche Gesellschaft, Bürgertum, Bourgeoisie
fairness	Fairness, Gerechtigkeit
recovery	Erholung, Genesung
local authority	Gemeindeverwaltung, Kommunalverwaltung, Stadtverwaltung
proletariat	Proletariat
persistent	persistent, anhaltend, hartnäckig
marine	Marine, Marinesoldat(in); Meeres-
qualification	Qualifikation, Eignung
alignment	Ausrichtung, Angleichung
frequency	Frequenz, Häufigkeit
engender	erzeugen, hervorbringen, hervorrufen
imagination	Einbildung(skraft), Vorstellung(skraft)
prerogative	Privileg, Vorrecht; bevorrechtigt
short-term	kurzzeitig, Kurzzeit-
discourage	entmutigen, abschrecken
reservation	Reservierung
fundamentalist	Fundamentalist(in); fundamentalistisch
firmly	(felsen)fest, nachdrücklich, entschieden
convergence	Konvergenz, Annäherung
independently	unabhängig, eigenständig
Nordic	Nordländer(in); nordisch
empowerment	Bevollmächtigung, Ermächtigung
opposition party	Oppositionspartei

well-being	Wohl(ergehen), Wohlbefinden
temporal	zeitlich, temporal
extremist	Extremist(in)
mislead *PS* misled *PP* misled	fehlleiten, irreführen
popularity	Beliebtheit, Popularität
public goods	öffentliche Güter
ratification	Ratifizierung
democratic institution	demokratische Institution, demokratische Einrichtung, demokratisches Organ
free press	freie Presse
surrender	Kapitulation, Übergabe; [Waffen] ausliefern, sich ergeben, kapitulieren
atmospheric	atmosphärisch, stimmungsvoll
inherit	erben
administrator	Verwalter(in)
dictator	Diktator(in), Gewaltherrscher(in)
triumph	Triumph; triumphieren
segregation	Absonderung, Abtrennung, Trennung, Rassentrennung
decentralize [auch: decentralise *BE*]	dezentralisieren
group interview	Gruppeninterview, Gruppenbefragung
imam	Imam
political reforms	politische Reformen
policy change	Politikwandel, Politikwechsel
exacerbate	verschlimmern
clarify	klären, verdeutlichen
plausible	plausibel, einleuchtend
inadequate	inadäquat, unzureichend, unangemessen
aristocratic	aristokratisch
high school *AE*	Highschool [höhere Schule]

charity	Nächstenliebe, Wohltätigkeit, Almosen, wohltätige Einrichtung
adversary	Gegner(in), Widersacher(in), Opponent(in)
Liberal Democrats [BE]	Liberaldemokraten
socialization [auch: socialisation [BE]]	Sozialisation, Sozialisierung, Vergesellschaftung, Verstaatlichung
social life	gesellschaftliches Leben, Gesellschaftsleben
confederation	Konföderation, Staatenbund, Bündnis
brand	Marke(nzeichen), Brandmal; brandmarken
literally	buchstäblich, wortwörtlich, wörtlich
law enforcement	Durchsetzung von Gesetzen, Rechtsdurchsetzung
marginalize [auch: marginalise [BE]]	an den Rand drängen, zurückdrängen, Randbemerkungen machen, marginalisieren
Catholicism	Katholizismus
prosecution	Strafverfolgung, Anklage(erhebung), Durchführung [z. B. eines Plans]
obedience	Folgsamkeit, Gehorsam(keit)
new media	neue Medien
Muslim Brotherhood	Muslimbrüder, Muslimbruderschaft
Holocaust	Holocaust, Schoah, Judenvernichtung
dictate	diktieren, vorschreiben
specification	Spezifikation, (genaue) Beschreibung

Vokabeln 2301 bis 2400

salient	herausragend, hervorragend
erode	erodieren, aushöhlen, untergraben, abtragen
Tory [BE]	Tory [Ultrakonservative(r)]
shortage	Knappheit, Mangel

seemingly	anscheinend, scheinbar
surplus	Überschuss; überschüssig, überzählig
feudal	feudal
social relation	gesellschaftliche Beziehung, soziale Beziehung
immigration policy	Einwanderungspolitik
confusion	Durcheinander, Verwirrung, Konfusion
suspend	suspendieren, [Verfahren] aussetzen
recruitment	Rekrutierung, Personalbeschaffung
cope	bewältigen, meistern
Bolshevik	Bolschewik; bolschewistisch
intergovernmental	zwischenstaatlich, zwischen Regierungen
political organization [auch: political organisation *BE*]	politische Organisation
recession	Rezession, Rückgang
explanatory	erklärend
public administration	öffentliche Verwaltung
economic performance	Wirtschaftsleistung
policy issue	politische Frage(stellung), politisches Thema
eligible	wählbar, geeignet, berechtigt, in Frage kommend
advancement	Fortschritt, Vorwärtskommen
disability	Behinderung, Invalidität
economic crisis	Wirtschaftskrise
availability	Verfügbarkeit
collectively	gemeinsam, gemeinschaftlich
Scandinavia	Skandinavien
inspection	Inspektion, Überprüfung
mutually	gegenseitig, wechselseitig
supremacy	Oberhoheit, Vorherrschaft, Überlegenheit, höchste Gewalt

raid	Überfall, Angriff, Raubzug, Razzia; überfallen, angreifen, (aus)plündern
grasp	verstehen, begreifen, (er)greifen, an sich reißen; Verständnis, Auffassungsgabe, Griff, Zugriff, Reichweite
broaden	(sich) verbreitern, (sich) erweitern
central bank	Zentralbank
testimony	Zeugenaussage
machinery	Ausrüstung, Maschinenausstattung
salary	Gehalt, Lohn, Gage
global governance	Global Governance [Regelsystemen Gestaltung der Globalisierung]
authoritarianism	Autoritarismus [diktatorische Herrschaftsform], autoritäres Regierungssystem
slogan	Slogan, Motto, Werbespruch
political community	politische Gemeinschaft
mankind	Menschheit
commentary	Kommentar
counsel *PS* counseled *AE*/counselled *BE* *PP* counseled *AE*/counselled *BE* *VF* counseling *AE*/counselling *BE*	beraten, empfehlen; Rat(schlag), Anwältin, Anwalt
innocent	unschuldig
coincide	zusammentreffen, übereinstimmen
strife	Konflikt, Streit, Unfrieden
supportive	(unter)stützend
realistic	realistisch, wirklichkeitsnah
dissolve	auflösen, (sich) lösen
political campaign	politischen Kampagne, Wahlkampf
invade	einmarschieren, einfallen in
reproduction	Reproduktion, Vervielfältigung, Fortpflanzung
leverage	Hebelwirkung, Leverage

anonymous	anonym, namenlos
contradictory	widersprüchlich
ceremony	Zeremonie
caucus	Ausschuss [z. B. einer Partei], Parteigremium, Fraktionssitzung
Welsh	Waliser, Walisisch; walisisch
political attitude	politische Einstellung
Mediterranean	Mittelmeer; mediterran, Mittelmeer-
ensue	folgen, resultieren aus
affirm	versichern, beteuern, bekräftigen
saving	Einsparung, Kosteneinsparung, Ersparnis, Rettung; sichernd, speichernd, rettend
widen	(er)weitern, ausweiten
fascism	Faschismus
fundamentalism	Fundamentalismus
agrarian	agrarwirtschaftlich, landwirtschaftlich
retreat	Rückzug; (sich) zurückziehen, zurückweichen
contestation	Streit, Disput, Anfechtung, Bestreitung
venture	wagen, riskieren; Wagnis, [risikobehaftetes] Unternehmen
transmit *PS* transmitted *PP* transmitted *VF* transmitting	übermitteln, übertragen
conscience	Gewissen
obscure	obskur, dunkel, undurchsichtig; verdunkeln, verbergen
praise	Lob; loben, preisen
prophet	Prophet(in)
steer	steuern
deliberately	absichtlich, bewusst
theorize [auch: theorise *BE*]	theoretisieren
statutory	gesetzlich festgelegt, gesetzlich geregelt

Baltic	baltisch, Ostsee-
democratic government	demokratische Regierung
beneficial	vorteilhaft, förderlich
flag *PS* flagged *PP* flagged *VF* flagging	beflaggen; Fahne, Flagge
deter *PS* deterred *PP* deterred *VF* deterring	abschrecken, abhalten
apartheid	Apartheid, Rassentrennung
revision	Revision, Überprüfung
deviation	Abweichung
gendering	Gendering [Anstreben von Geschlechtergleichstellung]
magnitude	Größe, Größenordnung
ambiguous	mehrdeutig
hegemonic	hegemonisch
inability	Unfähigkeit, Unvermögen
disabled	behindert, kriegsversehrt, kampfunfähig, (dienst)untauglich
multitude	Vielzahl
revival	Revival, Wiederaufleben
coalition government	Koalitionsregierung
covenant	Vertrag(sklausel), (feierliches) Abkommen, Vereinbarung, (verbindliche) Zusicherung; einen Vertrag schließen, übereinkommen
market economy	Marktwirtschaft

Vokabeln 2401 bis 2500

isolation	Isolation, Isolierung
slaughter	Schlachten, Gemetzel, Blutbad, Massaker; (ab)schlachten, niedermetzeln
foreigner	Ausländer(in)
fraction	Fraktion, Bruch(teil)

conspiracy	Verschwörung
European Commission	Europäische Kommission
decentralization [auch: decentralisation ^{BE}]	Dezentralisierung
tackle	bewältigen, in Angriff nehmen; Ausrüstung
environmental movement	Umweltbewegung
environmentalism	Environmentalismus, Umweltschutz
litigation	Prozess, Rechtsstreit
multiculturalism	Multikulturalismus
federalist	Föderalist(in); föderalistisch
dissident	Andersdenkende(r), Dissident(in), Regimekritiker(in); andersdenkend
custom	Brauch, Gewohnheit, Gewohnheitsrecht, Kundschaft; kundenspezifisch, maßgeschneidert ^{AE}
whip *PS* whipped *PP* whipped *VF* whipping	(aus)peitschen; Peitsche, Einpeitscher(in), parlamentarische(r) Geschäftsführer(in), Fraktionszwang
unemployed	arbeitslos; Arbeitslose(r)
endorsement [seltener: indorsement]	Befürwortung, Indossament, Vermerk
global economy	Weltwirtschaft
economic system	Wirtschaftsordnung, Wirtschaftssystem, Wirtschaftsform
presidential candidate	Präsidentschaftskandidat(in)
macroeconomic	makroökonomisch, volkswirtschaftlich
affirmative action	Förderung von Minderheiten, Förderung benachteiligter Gruppen, Quotenregelung
labor force ^{AE}, **labour force** ^{BE}	Arbeitskräfte, Arbeitnehmerschaft, Belegschaft
voter turnout	Wahlbeteiligung
famine	Hunger(snot)

asylum	(politisches) Asyl
environmental protection	Umweltschutz
workplace	Arbeitsplatz, Arbeitsstätte
uprising	Aufstand
income distribution	Einkommensverteilung
political order	Staatsordnung
mediation	Vermittlung, Schlichtung, Mediation
atrocity	Gräuel(tat)
presidential campaign	Präsidentschaftswahlkampf
reconciliation	Aussöhnung, Versöhnung
attainment	Errungenschaft
proxy	Stellvertreter(in), Bevollmächtigte(r), Prozessbevollmächtigte(r), Vollmacht, Prokura, Prokurist(in), Stimmrecht [Aktien]
electoral college	Wahlausschuss, Wahlmännergremium
public office	öffentliches Amt
financial crisis	Finanzkrise
insurgency	Aufstand, Aufruhr
income tax	Einkommensteuer, Lohnsteuer, Ertragssteuer
per capita income	Pro-Kopf-Einkommen
popular vote	Volksabstimmung
jihad	Dschihad
viable	durchführbar, brauchbar
cultivate	kultivieren, [z. B. Beziehungen] pflegen
denounce	denunzieren
vast majority	überwiegende Mehrheit
correspondence	Korrespondenz, Briefwechsel, Schriftverkehr
solid	fest, massiv, solide; Festkörper
preliminary	vorläufig, vorbereitend; vorbereitende Maßnahmen

parliamentary system	parlamentarisches System
inference	Inferenz, Schluss(folgerung), Folgerung
analogy	Analogie
unitary	einheitlich
councillor [auch: councilor [AE]]	Ratsmitglied
skeptical [AE], **sceptical** [BE]	skeptisch
insurgent	Aufständische(r), Rebellin; aufständisch, rebellisch
shah	Schah
oversee *PS* oversaw *PP* overseen	beaufsichtigen, überwachen
impressive	eindrucksvoll, beeindruckend
middle-class	mittelständisch
consultant	Berater(in)
compatible	kompatibel, verträglich
legalization [auch: legalisation [BE]]	Legalisierung
culturally	kulturell
integral	wesentlich; Integral
Pakistani	Pakistaner(in), Pakistani; pakistanisch
entitlement	(berechtigter) Anspruch, Berechtigung, Anrecht
anthropology	Anthropologie [Lehre vom Menschen]
dignity	Würde
breach	Verstoß, Übertretung, Bruch [z. B. einer Vereinbarung]; verstoßen [gegen eine Regel], durchbrechen
successive	aufeinanderfolgend
pertain	betreffen, sich beziehen [auf]
diffusion	Diffusion, Ausbreitung
illustration	Illustration, Veranschaulichung

interfere	(sich) einmischen, eingreifen, interferieren, (sich) überlagern
remote	entfernt, fern
morally	moralisch, sittlich
conservation	Konservierung, Erhaltung, Bewahrung, Umweltschutz
neutrality	Neutralität, Unparteilichkeit
refusal	Ablehnung, Absage, Zurückweisung
boom	Boom, Aufschwung; boomen, florieren
authoritative	gebieterisch, maßgebend, amtlich
outset	Anfang, Beginn
persuasion	Überredung, Überzeugung
generous	großzügig, hochherzig, generös
disrupt	unterbrechen
harsh	streng, herb, rau
Indonesian	Indonesier(in), Indonesisch; indonesisch
override *PS* overrode *PP* overridden	sich hinwegsetzen über, außer Kraft setzen
incorporation	Inkorporierung, Eingliederung, Einverleibung
arms control	Rüstungskontrolle, Abrüstung
competitor	Mitbewerber(in), Konkurrent(in)
corporatist	korporatistisch [durch Beteiligung wirtschaftlicher oder gesellschaftlicher Gruppen an politischen Entscheidungsprozessen entstanden]
annex	annektieren, einverleiben
grass roots	Basis [einer Partei]
grassroots democracy	Basisdemokratie

Ländernamen

Afghanistan	Afghanistan
Ägypten	Egypt
Akrotiri	Akrotiri
Albanien	Albania
Algerien	Algeria
Amerikanisch-Samoa	American Samoa
Andorra	Andorra
Angola	Angola
Anguilla	Anguilla
Antarktis	Antarctica
Antigua und Barbuda	Antigua and Barbuda
Äquatorialguinea	Equatorial Guinea
Argentinien	Argentina
Armenien	Armenia
Aruba	Aruba
Aserbaidschan	Azerbaijan
Ashmore- und Cartierinseln	Ashmore and Cartier Islands
Äthiopien	Ethiopia
Australien	Australia
Bahamas	The Bahamas
Bahrain	Bahrain
Bakerinsel	Baker Island
Bangladesch	Bangladesh
Barbados	Barbados
Belarus	Belarus
Belgien	Belgium
Belize	Belize
Benin	Benin
Bermuda	Bermuda
Bhutan	Bhutan

Bolivien	Bolivia
Bosnien und Herzegowina	Bosnia and Herzegovina
Botsuana	Botswana
Bouvetinsel	Bouvet Island
Brasilien	Brazil
Britische Jungferninseln	British Virgin Islands
Britisches Territorium im Indischen Ozean	British Indian Ocean Territory
Brunei Darussalam	Brunei
Bulgarien	Bulgaria
Burkina Faso	Burkina Faso
Burundi	Burundi
Chile	Chile
China	China
Clipperton-Insel	Clipperton Island
Cookinseln	Cook Islands
Costa Rica	Costa Rica
Côte d'Ivoire	Cote d'Ivoire
Curaçao	Curacao
Dänemark	Denmark
Dekelia	Dhekelia
Demokratische Republik Kongo	Democratic Republic of the Congo
Deutschland	Germany
Dominica	Dominica
Dominikanische Republik	Dominican Republic
Dschibuti	Djibouti
Ecuador	Ecuador
El Salvador	El Salvador
Eritrea	Eritrea
Estland	Estonia

Falklandinseln	Falkland Islands (Islas Malvinas)
Färöer	Faroe Islands
Fidschi	Fiji
Finnland	Finland
Frankreich	France
Französische Süd- und Antarktisgebiete	French Southern and Antarctic Lands
Französisch-Polynesien	French Polynesia
Gabun	Gabon
Gambia	The Gambia
Gaza-Streifen	Gaza Strip
Georgien	Georgia
Ghana	Ghana
Gibraltar	Gibraltar
Grenada	Grenada
Griechenland	Greece
Grönland	Greenland
Großbritannien (Vereinigtes Königreich)	United Kingdom
Guam	Guam
Guatemala	Guatemala
Guernsey	Guernsey
Guinea	Guinea
Guinea Bissau	Guinea-Bissau
Guyana	Guyana
Haiti	Haiti
Heard und McDonaldinseln	Heard Island and McDonald Islands
Honduras	Honduras
Hongkong	Hong Kong
Howlandinsel	Howland Island

Indien	India
Indonesien	Indonesia
Irak	Iraq
Iran	Iran
Irland	Ireland
Island	Iceland
Isle of Man	Isle of Man
Israel	Israel
Italien	Italy
Jamaika	Jamaica
Jan Mayen	Jan Mayen
Japan	Japan
Jarvis Island	Jarvis Island
Jemen	Yemen
Jersey	Jersey
Johnston Atoll	Johnston Atoll
Jordanien	Jordan
Jungferninseln	Virgin Islands
Kaimaninseln	Cayman Islands
Kambodscha	Cambodia
Kamerun	Cameroon
Kanada	Canada
Kap Verde	Cape Verde
Kasachstan	Kazakhstan
Katar	Qatar
Kenia	Kenya
Kingmanriff	Kingman Reef
Kirgisistan	Kyrgyzstan
Kiribati	Kiribati
Kokosinseln	Cocos Islands (Keeling Islands)

Kolumbien	Colombia
Komoren	Comoros
Kongo (Republik Kongo)	Republic of the Congo
Korallenmeerinseln	Coral Sea Islands
Korea (Demokratische Volksrepublik Korea)	North Korea
Kosovo	Kosovo
Kroatien	Croatia
Kuba	Cuba
Kuwait	Kuwait
Laos	Laos
Lesotho	Lesotho
Lettland	Latvia
Libanon	Lebanon
Liberia	Liberia
Libyen	Libya
Liechtenstein	Liechtenstein
Litauen	Lithuania
Luxemburg	Luxembourg
Macau	Macau
Madagaskar	Madagascar
Malawi	Malawi
Malaysia	Malaysia
Malediven	Maldives
Mali	Mali
Malta	Malta
Marokko	Morocco
Marschallinseln	Marshall Islands
Mauretanien	Mauritania
Mauritius	Mauritius

Mazedonien	Macedonia
Mexiko	Mexico
Midwayinseln	Midway Islands
Mikronesien	Federated States of Micronesia
Moldau (Republik Moldau)	Moldova
Monaco	Monaco
Mongolei	Mongolia
Montenegro	Montenegro
Montserrat	Montserrat
Mosambik	Mozambique
Myanmar	Burma
Namibia	Namibia
Nauru	Nauru
Navassa	Navassa Island
Nepal	Nepal
Neukaledonien	New Caledonia
Neuseeland	New Zealand
Nicaragua	Nicaragua
Niederlande	Netherlands
Niger	Niger
Nigeria	Nigeria
Niue	Niue
Nördliche Marianen	Northern Mariana Islands
Norfolkinsel	Norfolk Island
Nordirland	Northern Ireland
Norwegen	Norway
Oman	Oman
Österreich	Austria
Pakistan	Pakistan
Palästinensische Gebiete	West Bank

Palau	Palau
Palmyra	Palmyra Atoll
Panama	Panama
Papua Neuguinea	Papua New Guinea
Paracel-Inseln	Paracel Islands
Paraguay	Paraguay
Peru	Peru
Philippinen	Philippines
Pitcairninseln	Pitcairn Islands
Polen	Poland
Portugal	Portugal
Puerto Rico	Puerto Rico
Republik Korea (Südkorea)	South Korea
Ruanda	Rwanda
Rumänien	Romania
Russische Föderation	Russia
Saint-Barthélemy	Saint Barthelemy
Saint-Pierre und Miquelon	Saint Pierre and Miquelon
Salomonen	Solomon Islands
Sambia	Zambia
Samoa	Samoa
San Marino	San Marino
São Tomé und Principe	Sao Tome and Principe
Saudi Arabien	Saudi Arabia
Schweden	Sweden
Schweiz	Switzerland
Schottland	Scotland
Senegal	Senegal
Serbien	Serbia
Seychellen	Seychelles

Sierra Leone	Sierra Leone
Simbabwe	Zimbabwe
Singapur	Singapore
Sint Maarten	Sint Maarten
Slowakei	Slovakia
Slowenien	Slovenia
Somalia	Somalia
Sowjetunion	Soviet Union
Spanien	Spain
Spitzbergen	Svalbard
Spratly-Inseln	Spratly Islands
Sri Lanka	Sri Lanka
St. Helena, Ascension und Tristan da Cunha	Saint Helena, Ascension, and Tristan da Cunha
St. Kitts und Nevis	Saint Kitts and Nevis
St. Lucia	Saint Lucia
St. Martin	Saint Martin
St. Vincent und die Grenadinen	Saint Vincent and the Grenadines
Südafrika	South Africa
Sudan	Sudan
Südgeorgien und die Südlichen Sandwichinseln	South Georgia and South Sandwich Islands
Südkorea (Republik Korea)	South Korea
Südsudan	South Sudan
Suriname	Suriname
Swasiland	Swaziland
Syrien	Syria
Tadschikistan	Tajikistan
Taiwan	Taiwan
Tansania	Tanzania
Thailand	Thailand

Timor Leste	Timor-Leste
Togo	Togo
Tokelau	Tokelau
Tonga	Tonga
Trinidad und Tobago	Trinidad and Tobago
Tschad	Chad
Tschechische Republik	Czech Republic
Tunesien	Tunisia
Türkei	Turkey
Turkmenistan	Turkmenistan
Turks- und Caicosinseln	Turks and Caicos Islands
Tuvalu	Tuvalu
Uganda	Uganda
Ukraine	Ukraine
Ungarn	Hungary
Uruguay	Uruguay
Vereinigte Staaten (USA)	United States
Usbekistan	Uzbekistan
Vanuatu	Vanuatu
Vatikan (Heiliger Stuhl)	Vatican City (The Holy See)
Venezuela	Venezuela
Vereinigte Arabische Emirate	United Arab Emirates
Vietnam	Vietnam
Wake	Wake Island
Wallis und Futuna	Wallis and Futuna
Weihnachtsinsel	Christmas Island
Westsahara	Western Sahara
Jugoslawien	Yugoslavia
Zentralafrikanische Republik	Central African Republic
Zypern	Cyprus

Städtenamen

Die folgende Liste zeigt ausgewählte Städtenamen, die im Deutschen und Englischen unterschiedlich geschrieben werden.

Aachen	Aachen / Aix-la-Chapelle
Addis Abeba	Addis Ababa
Algier	Algiers
Antiochia	Antioch
Antwerpen	Antwerp
Archangelsk	Arkhangelsk
Arnheim	Arnhem
Aschchabad	Ashkhabad
Athen	Athens
Auschwitz	Auschwitz / Oswiecim
Bagdad	Baghdad
Basel	Basel / Basle
Belgrad	Belgrade
Bern	Bern / Berne
Bozen	Bolzano
Braunschweig	Brunswick
Breslau	Wroclaw
Brügge	Bruges
Brüssel	Brussels
Bukarest	Bucharest
Damaskus	Damascus
Danzig	Gdansk
Den Haag	The Hague
Dünkirchen	Dunkirk
Düsseldorf	Dusseldorf
Eriwan	Yerevan
Florenz	Florence
Frankfurt am Main	Frankfort / Frankfurt on the Main
Genf	Geneva
Genua	Genoa

Gießen	Giessen
Grosny	Grozny
Göteborg	Gothenburg
Hameln	Hamelin
Hannover	Hanover
Helgoland	Heligoland
Kairo	Cairo
Kapstadt	Cape Town
Karlsbad	Carlsbad
Katharinenburg	Yekaterinburg
Kattowitz	Katowice)
Kiew	Kiev
Koblenz	Koblenz / Coblenz
Konstanz	Constance
Kopenhagen	Copenhagen
Korinth	Corinth
Krakau	Cracow / Krakow
Köln	Cologne
Königsberg	Kaliningrad
Lissabon	Lisbon
Luxemburg	Luxembourg
Luzern	Lucerne
Lüttich	Liege
Mailand	Milan
Meißen	Meissen
Mexiko-Stadt	Mexico City
Moskau	Moscow
Mönchengladbach	Moenchengladbach
Mülhausen	Mulhouse
München	Munich
Münster	Munster
Neapel	Naples

Nikosia	Nicosia
Nimwegen	Nijmegen
Nizza	Nice
Nürnberg	Nuremberg
Osnabrück	Osnabruck
Ostende	Ostend
Peking	Beijing
Pompeji	Pompeii
Prag	Prague
Reims	Reims / Rheims
Riad	Riyadh
Rom	Rome
Sao Paulo	São Paulo
Singapur	Singapore
Straßburg	Strasbourg
Syrakus	Syracuse
Taschkent	Tashkent
Tokio	Tokyo
Trient	Trent
Triest	Trieste
Vatikanstadt	Vatican City
Venedig	Venice
Walfischbucht	Walvis Bay
Warschau	Warsaw
Wien	Vienna
Windhuk	Windhoek
Wolgograd	Volgograd
Zürich	Zurich

Alphabetisches Vokabelverzeichnis

Da die Vokabeln nach der Häufigkeit sortiert sind, soll Ihnen dieses alphabetische Verzeichnis das Auffinden einer Vokabel erleichtern. Auch hier haben wir das britische und amerikanische Englisch durch ein hochgestelltes ^{BE} bzw. ^{AE} gekennzeichnet.

A

B

C

D

E

F

G

H

I

M

P

S

T

U

V